Cesy Leonard

machen macht mut

aufbau

CESY LEONARD ist Aktionskünstlerin und Gründerin von *Radikale Töchter*. Bis 2019 war sie Teil des künstlerischen Teams des Zentrums für Politische Schönheit, wo sie politische Interventionen mit internationaler Strahlkraft mitentwickelte. Mit *Radikale Töchter* schafft sie Räume, in denen politisches Handeln neu gedacht wird. An der Schnittstelle von Kunst, Design, Politik und Bildung setzt sie kreative Impulse für gesellschaftlichen Wandel. Ihr Ansatz verbindet ästhetische Strategien mit aktivistischen Methoden, um Menschen zu ermutigen, selbst politisch aktiv zu werden. Cesy Leonard ist Work-in-progress Feministin und Mutter von drei Kindern. Sie lebt mit ihrem Partner und den Kindern in einer Patchworkfamilie in Berlin.

Cesy Leonard

machen macht mut

Gegen die Gleichgültigkeit

in freudiger Zusammenarbeit
mit Naomi Ryland

aufbau

Dieses Buch ist so gestaltet, dass es auch ohne Vorwissen gelesen werden kann; ein Glossar im Anhang erläutert HERVORGEHOBENE BEGRIFFE. Die Autorin schreibt aus der Perspektive einer *weißen* cis Frau ohne Behinderung. Diese Position prägt den Text, der sich als Teil eines laufenden gesellschaftlichen Lernprozesses versteht.

Zur Sprache: Gendergerechte Bezeichnungen werden mit * markiert. Schwarz wird großgeschrieben, *weiß* kursiv, um soziale Konstruktionen und Machtverhältnisse zu verdeutlichen. Soweit möglich wird auf binäre Geschlechterkategorien verzichtet; wo Begriffe wie Frau oder Mann verwendet werden, sind sie als Selbstbezeichnungen zu verstehen und schließen alle ein, die sich so identifizieren.

MIX
Papier | Fördert gute Waldnutzung
FSC® C083411

ISBN 978-3-351-04267-7

Aufbau ist eine Marke der Aufbau Verlage GmbH & Co. KG

1. Auflage 2025

www.aufbau-verlage.de
10969 Berlin, Prinzenstraße 85

Bei Fragen zur Sicherheit unserer Produkte wenden Sie sich bitte an produktsicherheit@aufbau-verlage.de.
Umschlaggestaltung Ariane Spanier, Berlin
Satz Greiner & Reichel, Köln
Druck und Binden CPI books GmbH, Leck, Germany

Printed in Germany

Für meine Kinder –
shine your light.

inhalt

vorwort

Man könnte behaupten, mein Weg in die Politik begann mit einem Geräusch: Klackerdiklack. Die Spraydose in meiner Hand. Der scharfe Geruch von Lösungsmitteln in der Luft. Ich war sechzehn, nachts auf der Straße, die S-Bahn meine Leinwand. Dann: Blaulicht, Festnahme. »Ein Mädchen?«

Ich hätte mich vielleicht schämen sollen, dass ich von der Polizei mitgenommen wurde, denn schließlich galt Graffiti als kriminell. Aber das Gegenteil war der Fall: Es faszinierte mich. Und warf Fragen auf. Wer entscheidet, was legal ist und was nicht? Warum entscheidet meine Identität als Mädchen, als *weiße* Person, als Mensch mit Eltern, die für mich einstehen können, wie ich von der Polizei behandelt werde?

Schon immer stellte ich mir solche Fragen und wunderte mich, dass es andere nicht tun. Während Schule und Familie mich in enge Regeln zwängten, war die

Straße mein Freiraum. Die Hip-Hop-Kultur war für mich Selbstausdruck – und in gewisser Weise ein Akt der Liebe. Ich gestaltete aktiv mein Umfeld mit. Ich testete Grenzen, hinterfragte, was uns als unveränderbar präsentiert wurde. Ich lernte, dass Regeln nicht neutral sind. Sie haben mit Machtverhältnissen zu tun. Regeln werden gemacht – und können – müssen deshalb auch hinterfragt werden.

Warum erzähle ich das?

Weil DEMOKRATIE bedeutet, Regeln als gemacht zu sehen, Normen zu hinterfragen und gesellschaftlich neu auszuhandeln. Heute ziehen sich viele ins Private zurück, weil die politischen Herausforderungen so groß und unlösbar erscheinen. Gefühle von Ohnmacht und Hoffnungslosigkeit machen sich breit, das Vertrauen in das politische System schwindet schon lange. Andere erleben gar nicht erst das Gefühl, überhaupt einbezogen zu sein. Ich kann das nachempfinden, wenn auch aus einer privilegierten Perspektive. Denn auch ich dachte lange: Ich? Politisch? Nee. Politik machen die anderen.

Was es heute mehr denn je braucht, ist ein Gefühl von Wirksamkeit – das Bewusstsein, dass unser Handeln, aber auch unser Nichthandeln einen Unterschied macht. Und es braucht Mut, dranzubleiben. Für mich beginnt dieser Mut mit einem neuen Verständnis von politischer Arbeit – und einem neuen Verhältnis zu ihr.

Ich nenne dieses Verständnis *feministisch-demokratisches Handeln*. Es hinterfragt bestehende Machtverhältnisse. Es richtet den Fokus weniger nur auf das Ergebnis, sondern auf das Anfangen und Dranbleiben. Es versteht Demokratie als Beziehungsarbeit, als ein ständiges Aushandeln, ein gemeinsames Pflegen. Sie ist niemals abgeschlossen, sondern lebt davon, dass wir sie immer wieder neugestalten – im Miteinander, in unseren Alltagsbeziehungen, in unseren Widersprüchen. Und die Motivation ziehen wir nicht aus der Garantie auf Erfolg, sondern aus der Entscheidung, nicht länger tatenlos zu bleiben.

Gleichzeitig mache ich mich stark für das Konzept der *unsichtbaren politischen Arbeit*. Es ist die politische Arbeit, die viele von uns längst tun – im Beruf, in der Familie, in Freundschaften. Wenn wir unseren Blick dafür schärfen, wo diese Arbeit bereits stattfindet, können wir sie bewusster wahrnehmen, würdigen und stärken.

Meine Erkenntnisse beruhen auf jahrelanger aktivistischer Arbeit, die Kunst und politische Aktion verbindet. Im Rahmen eines Kunstprojekts beim *Zentrum für Politische Schönheit* habe ich ein Pat*innen-Programm mitinitiiert, das symbolisch 50 000 syrischen Kindern eine sichere Einreise nach Deutschland ermöglichen sollte. Gemeinsam mit 20 000 Demonstrant*innen haben wir die Reichstagswiese in ein Denkmal für gestorbene Geflüchtete verwandelt und in Thüringen haben wir nach dem Einzug der AfD in den Deutschen Bundestag ein Holocaust-Mahnmal im Nachbargarten eines bekannten Rechtsextremen errichtet. Durch Aktionskunst habe ich gelernt, mich mit riesigen, scheinbar unüberwindbaren Themen zu beschäftigen, ohne mich entmutigen zu lassen. Ich habe erlebt, wie Kunst politische Debatten anstoßen kann, die sonst keine*r führt. Und wie Menschen durch politische Kunst den Mut finden, selbst aktiv zu werden.

In krassen Zeiten wie den unseren mag es naiv erscheinen, ein Buch zu schreiben, dass sich der Hoffnung widmet – das kleine politische Gesten betont, das dem Zwischenmenschlichen Gewicht gibt, dem Prozess mehr als dem Ergebnis. Denn schließlich brauchen wir schnell große Veränderungen, große Hebel, um Kriege zu stoppen, die Klimakrise zu bewältigen, Hunger und Ungleichheit zu beenden.

Nur kann es sie nicht geben, wenn wir vor lauter Mutlosigkeit und Ohnmacht starr sind. Greta Thunberg saß 2018 jeden Freitag allein vor dem schwedischen Parlament, Woche für Woche, ohne zu wissen, welchen Hebel sie damit in Bewegung setzt. Unsere Welt ist voller Geschichten, in denen Menschen scheinbar machtlos waren – und trotzdem gehandelt haben. Mit kleinen Gesten haben sie etwas in Bewegung gesetzt, das größer war als sie. Davon möchte ich erzählen.

Hoffnung ist nicht das Gegenteil von Realismus – sie ist seine radikalste Form.

Lasst uns loslegen!

machen

Politische Schönheit

Es ist 2014. 25 Jahre nach dem Mauerfall. Ein sonniger Samstag in Berlin. Wir schrauben mit Akku-Bohrern die weißen Kreuze, die an die Mauertoten erinnern, vom Metallzaun am Spreeufer ab und tragen sie einfach weg. Niemand bemerkt etwas. Flanierende Tourist*innen, lachende Kinder. Wenige Meter entfernt, auf der anderen Uferseite, patrouillieren Polizisten. Zwei Tage später schicken wir – das *Zentrum für Politische Schönheit* – eine Pressemitteilung raus: Die Kreuze seien an die europäische Grenze geflüchtet. Aus Solidarität mit den heutigen Mauertoten. Ziel: Marokko. Und ich bin mit ihnen unterwegs.

Fünf Tage verbringen wir im inoffiziellen Geflüchtetenlager von Gourougou, einem Ort, den die NGO *Amnesty International* als Hölle beschrieb. Wir bringen auch Medikamente mit und weitere finanzielle und materielle Hilfe für die Menschen vor Ort.

Tausende Menschen, die auf der Flucht sind, warten hier auf eine Möglichkeit, über die Grenze nach Europa zu kommen. Melilla, die spanische Enklave, liegt zum Greifen nah. Doch davor steht ein Zaun – sechs Meter hoch, 12,5 Kilometer lang, mit Nato-Draht und Stacheln versehen, bewacht von Hunderten Polizisten. Ein Symbol für die Abschottung Europas. Wo die Technik nicht ausreicht, rücken Grenzpolizisten mit Schlagstöcken und Steinen vor. Die internationale NGO *Human Rights Watch* spricht von exzessiver Gewalt. *Ärzte ohne Grenzen* zieht sich aus Protest zurück.

Wir sprechen mit den Menschen in Gourougou und fragen sie, ob sie sich mit einem Kreuz fotografieren lassen möchten. Zurück in Deutschland: ein Aufschrei. Politiker*innen und Opferverbände sind empört, dass wir diesen Vergleich ziehen. Genau das war unsere Absicht: Aufmerksamkeit. Unsere Fragen lauteten: Was haben wir aus der Geschichte *wirklich* gelernt? Wer entscheidet, welches Leben wie viel wert ist? Warum erinnern wir an manche Tote und ignorieren andere? Warum ist es wieder zur Normalität geworden, dass Menschen an Grenzen ermordet werden? Das war schon 1989 ein Zivilisationsbruch. Wie werden wir in 25 Jahren auf die heutigen Umstände zurückblicken?

Die Aktion wirkte. Die Presse berichtete über Gourougou. Menschen diskutierten kritisch über genau diese Fragen. Aber wir wollten mehr. Wir wollten zeigen: In Deutschland gibt es den Willen, auch weitere Mauern fallen zu lassen. Hunderte von Freiwilligen meldeten sich, um mit uns an die europäische Außengrenze zu fahren, für die Kunstaktion »Erster Europäischer Mauerfall« genau 25 Jahre nach dem letzten. Gemeinsam wollten wir ein Zeichen setzen für das Ende der tödlichen europäischen Außengrenze. Doch die deutsche Polizei verfolgte uns schon bei der Abfahrt aus Berlin und sorgte dadurch für viel Aufmerksamkeit. Wir konnten zeigen: Die Haltung von vielen in der Bevölkerung war da – doch der politische Wille fehlte.

Und manchmal frage ich mich: Wären wir auch mit Schlagstöcken empfangen worden? Oder galt Gewalt in dem Fall nur als legitim, wenn sie sich gegen Schwarze Körper richtete? Was werden zukünftige Generationen einmal über uns sagen? Seit dieser Aktion wurden 20 803 Ertrunkene im zentralen Mittelmeer erfasst, doch die eigentliche Zahl liegt wesentlich höher. Laut UNICEF, dem Kinderhilfswerk der Vereinten Nationen, waren über 3500 davon Kinder.[1] Etwa sieben von zehn Kindern begaben sich allein auf diese lebensgefährliche Flucht – ohne Elternteil oder gesetzlichen Vormund. Was das bedeutet? Viele von ihnen sind allein gestorben. Auf der Flucht in ein besseres Leben. Wenn ich das an mich heranlasse, steigen Trauer und Wut in mir hoch. Diese Unmenschlichkeit dürfen wir doch nicht einfach hinnehmen.

Stattdessen spricht Bundeskanzler Friedrich Merz in Talkshows von einer Obergrenze für Asylanträge. Ein Tabubruch – und ein bewusstes Verschieben dessen, was rechtlich, menschlich oder auch politisch die Norm ist. Das Grundrecht auf Asyl kennt keine Obergrenze. So steht es in der Genfer Flüchtlingskonvention, ebenso in der Europäischen Menschenrechtskonvention und in der deutschen Verfassung.[2] Angela Merkel lehnte – noch als Bundeskanzlerin – die Forderungen nach einer Obergrenze aus der eigenen Partei bereits 2015 ab, mit ebendieser Begründung.[3] Seither hat sich der Diskurs verschoben. Aus »Wir schaffen das« wurde: »Das Boot ist voll«.

Abgesehen von der fehlenden Empathie und dem mangelnden Verständnis für die Lebensrealitäten Geflüchteter wirkte es besonders irritierend, dass die Forderung ausgerechnet in einer Phase sinkender Asylantragszahlen, laut wurde. Prognosen für das Jahr 2025 lagen bei rund 164 000 Asylanträgen – dem niedrigsten Stand seit Jahren. Und allen war bewusst: Eine Obergrenze ließe sich rechtlich kaum umsetzen, es sei denn, man wäre bereit, Grundrechte und internationale völkerrechtliche Vereinbarungen außer Kraft zu setzen. Was sich verändert hatte, war nicht die Lage – sondern das, was als normal oder akzeptabel galt. Die AfD hatte den Diskurs noch weiter nach Rechts verschoben, und die meisten etablierten Parteien liefen hinterher.

Migration ist das beherrschende Thema im politischen Diskurs rund um die Bundestagswahl 2025. Doch es geht nicht etwa um die unwürdigen Bedingungen, unter denen Menschen fliehen müssen. Nicht um die systematischen Menschenrechtsverletzungen an den Außengrenzen Europas. Sondern um das vermeintliche

Problem der irregulären Migration – eine »Gefahr«, die künstlich aufgebläht wird. Was früher als Ausdruck humanitärer Verantwortung galt, wird jetzt als politische Schwäche diffamiert. Das Einhalten und Verteidigen europäischen Asylrechts ist nicht mehr selbstverständlich, sondern wird offen in Frage gestellt – mit Forderungen nach Obergrenzen und damit einhergehenden rechtlichen Aushöhlungen.

Dieser Umgang mit dem Thema Migration ist exemplarisch für eine größere Frage: Worauf wollen wir als Gesellschaft unseren Fokus legen? Was erklären wir zur Norm, was akzeptieren wir als gegeben? Wollen wir Angst zum politischen Kompass machen – oder Menschlichkeit?

Diese Entscheidungen liegen nicht nur bei Politiker*innen. Sie liegen bei uns allen.

Was macht dich wütend?

Diese Frage ist der Anfang vieler Workshops, die ich leite. Meine Antwort wäre heute: Das Thema Migration und wie es in Deutschland instrumentalisiert wird. Das macht mich sehr wütend – und unfassbar traurig. Diese Wut ist kein privates Gefühl. Sie ist politisch. Denn sie verweist auf größere Zusammenhänge – auf Fragen von Macht, Verantwortung und Teilhabe.

Politik, das Politische, Demokratie – das sind große Begriffe, die abstrakt wirken. Um greifbar zu werden, brauchen sie konkrete Geschichten, die daran erinnern: Es geht nicht um Institutionen, sondern um Menschenleben. Um Gerechtigkeit. Um Trauer. Um Leiden. Um vermeidbares Leiden, das durch individuelles wie kollektives (Nicht-)Handeln legitimiert wird. Wut kann dabei ein produktiver Impuls sein. Sie darf Raum haben. Denn auch Wut ist politisch. Aus ihr kann etwas Großes entstehen: Klarheit. Kraft. Handeln. Wut ist nicht der einzige Zugang zum Politischen. Aber wer sich berühren lässt, wird anfangen, anders zu sehen – und auch zu handeln.

Um nicht in der Wut stecken zu bleiben, hilft es, sich bewusst zu machen: Was als normal, legal oder politisch legitim gilt, ist weder selbstverständlich noch zwangsläufig gerecht – und schon gar nicht unveränderbar. Es ist das Ergebnis von Machtverhältnissen. Legalität ist keine moralische Instanz. Oder anders ausgedrückt: Was gesetzlich erlaubt ist, ist nicht automatisch moralisch richtig. Der philippinische Journalist, Filmemacher und Aktivist, Jose Antonio Vargas bringt es auf den Punkt: »Die Apartheid war legal. Der Holocaust war legal. Die Sklaverei war legal. Kolonialismus war legal. Legalität ist eine Frage der Macht, nicht der Gerechtigkeit.«[4]

Eine kritische Perspektive auf Regeln, auf Normen, auf Legalität hatte ich schon früh. Aber erst durch die politische Aktionskunst lernte ich, »legalen Stress«

zu machen – also Regeln als solche zu entlarven und sichtbar zu machen. Diese Fähigkeit kritisch zu denken und zu handeln, bildet eine zentrale Grundlage demokratischen Selbstverständnisses – und damit auch der politischen Bildung. Dafür brauchen wir kein besonderes Wissen oder Qualifikationen. Wir brauchen vor allem Übung. Wir alle tragen diese Fähigkeit in uns. Doch viele gesellschaftliche Institutionen, beispielsweise die Schule, trainieren sie uns systematisch ab.

Um solche erlernte Konformität zu hinterfragen, werfen wir nun einen Blick auf zwei weit verbreitete Glaubenssätze, die Menschen häufig vom Machen abhalten: »Es ist einfach so.« und »Ich bin nicht politisch.«

»Es ist einfach so.«

Ich bin auf einer Party und höre zu, wie ein anderer Gast mit erstaunlicher Selbstsicherheit behauptet, dass eine grünere, gerechtere Zukunft eigentlich gar nicht möglich sei.

»Wirklich? Hast du denn zu dem Thema geforscht, recherchiert? Bist du selber ins Handeln gekommen? Da scheinst du wirklich viel mehr ausprobiert zu haben als ich, um zu dieser fatal-pessimistischen Aussage zu kommen.«, sage ich etwas frech.

Wie so oft stellt sich heraus: Nils – ich nenne ihn einfach so – hat weder recherchiert, noch geforscht noch irgendetwas selbst unternommen, um diese vermeintliche Tatsache zu hinterfragen oder zu verändern.

Das Problem: Wir beschränken uns selbst. Wir begrenzen unser Denken und Sprechen darüber, was möglich wäre. Darüber, was wir uns für diese Welt wünschen, wie wir uns Gesellschaft, Zukunft, Städte, Zusammenleben, Finanzsysteme usw. vorstellen können. Ohne zu recherchieren, ohne auszuprobieren, ohne wirklich selbst etwas in Bewegung zu setzen, behaupten wir leichtfertig in allen möglichen Situationen: Das ist halt so. Das lässt sich nicht ändern. Mit diesen leichtfertigen Worten nehmen wir uns den ersten Handlungsimpuls, noch bevor wir überhaupt anfangen. Und das hat System.

Ein paar Wochen nach der Party las ich in der Zeitung von einem britischen Milliardär, seiner Tochter und deren Freund*innen, die starben, als seine Yacht bei einem Sturm im Mittelmeer kenterte. Die deutsche Presse berichtete tagelang, zeichnete empathische Porträts der Opfer: Sie waren reich, ja – aber eben auch Menschen.

Diese Aufmerksamkeit erhalten die Tausenden, die jährlich auf der Flucht im Mittelmeer sterben, nicht. Ihre Namen bleiben unbekannt, ihre Geschichten unerzählt. Ihr Tod wird verwaltet, nicht betrauert.

Das ist kein Zufall, sondern folgt einem System: Diese Menschen sollen anonym bleiben. Nur so kann ihre Entmenschlichung fortgesetzt werden. Nur so müssen wir kein Mitgefühl spüren. So kann ihr Sterben zur Normalität werden.

Unsere Aktion »Erster Europäischer Mauerfall« entstand aus dem Wunsch, das Sterben von Menschen an den europäischen Außengrenzen nicht zur Normalität werden zu lassen. Doch genau das ist eingetreten. Denn wir scheinen verlernt zu haben, eine kritische Haltung zu entwickeln – gegenüber dem, was uns als normal oder unvermeidlich verkauft wird. Das hat viel mit Schule zu tun – dazu gleich mehr. Eine kritische Haltung zu entwickeln bedeutet, eine reflektierte Urteilsfähigkeit aufzubauen, die einem zugleich erlaubt Dinge zu hinterfragen als auch zu wissen, wem man vertrauen kann. Wenn dieser kritische Reflex ausbleibt, laufen wir Gefahr, das eigentlich Inakzeptable stillschweigend zu akzeptieren.

Der US-amerikanische Schriftsteller George Saunders beschreibt diesen Mechanismus so: »Das Unfassbare geschieht, und wenn wir zunächst nicht reagieren, wird das Unfassbare fassbar und dann normal. […] Alle bleiben strikt im Rahmen dessen, was das System ihnen jeweils erlaubt und von ihnen erwartet.«[5] Wir bleiben gehorsam. Wir bleiben gleichgültig.

In Zeiten des Umbruchs kann das Festhalten an vermeintlicher Normalität auch ein Schutzmechanismus sein. In der Psychologie wird das als *Normalcy Bias* bezeichnet, eine durch Voreingenommenheit verzerrte Wahrnehmung oder Einschätzung der Normalität.

In Krisen neigen Menschen dazu, die Augen zu verschließen – solange andere passiv bleiben, bleiben sie es selbst auch. Gerade diese Einsicht regt mich immer wieder zum Handeln an. Denn im Umkehrschluss gilt: Wer handelt, motiviert auch andere dazu.

Wird der *Normalcy Bias* jedoch zum Dauerzustand, entsteht ein größeres Problem. Die belgische Politikwissenschaftlerin Chantal Mouffe beschreibt einen vergleichbaren Mechanismus im politischen Denken der letzten Jahrzehnte: den neoliberalen Bias. Er bezeichnet die Tendenz, gesellschaftliche Zustände als Ergebnis vermeintlich natürlicher Entwicklungen darzustellen – als etwas, das sich so ergeben hat und dem man sich fügen müsse.[6] Gerade dadurch wird verhindert, dass Machtverhältnisse als solche erkannt und politisch hinterfragt werden. Dieser Denkstil ist zentral für die neoliberale Ideologie, die politische Entscheidungen als alternativlose Sachzwänge präsentiert. Er wurde in den 80er-Jahren unter der britischen Premierministerin Margaret Thatcher etabliert, die als Vorzeigekind des NEOLIBERALISMUS gilt. TINA – There Is No Alternative – war ihr Motto.

Auch in Deutschland wirkt der Neoliberalismus, als sei er ein Naturgesetz. Das zeigt sich in der Sprache: 2010 wurde »alternativlos« in Deutschland zum Unwort des Jahres gekürt. Die Jury begründete ihre Entscheidung damit, das Wort suggeriere sachlich unangemessen, dass es bei einem Entscheidungsprozess von vornherein keine Alternativen und damit auch keine Notwendigkeit der Diskussion und Argumentation gebe.[7] »Behauptungen dieser Art drohten, die Politikverdrossenheit in der Bevölkerung zu verstärken«, schrieben sie dazu. Eine Demokratie braucht Alternativen, sonst verkommt sie zur Verwaltung. Wer das Gefühl hat, keine echte Wahl zu haben, steigt aus. Oder sucht radikale Auswege.

So gewann auch die *Alternative* für Deutschland (AfD) Zulauf – gegründet drei Jahre nach der Wahl des Unworts. Doch obwohl sich die Partei als Systemkritikerin inszeniert, bietet sie keine Alternative zum Neoliberalismus. Ihre Wirtschaftspolitik ist neoliberal durch und durch: Steuersenkungen für Reiche, Sozialabbau, Marktliberalisierung. Ihr Protest ist nicht sozialer, sondern eher nationalistischer Natur. Gerade deshalb gilt: Ausgerechnet AfD-Wähler würden von der Politik dieser Partei benachteiligt werden.[8]

Dadurch erleben wir eine schwindelerregende Umkehr der Normalität. JD Vance, der Vize-Präsident der Vereinigten Staaten und enger Verbündeter von Donald Trump – der sich offen AfD-nah positionierte – erklärte auf der Münchner Sicherheitskonferenz im Februar 2025, klassische Parteien zerstörten die Demokratie, während Parteien wie die AfD sie verteidigen würden. Diese Umkehrung ist zutiefst verstörend – besonders für Menschen, die sich demokratischen Grundwerten verpflichtet fühlen. Wenn autoritäre Akteure beginnen, sich selbst als Verteidiger*innen der Demokratie zu inszenieren, während sie gleichzeitig deren

Institutionen und Prinzipien systematisch demontieren, wird das Fundament des demokratischen Diskurses erschüttert. Denn sowohl die AfD als auch Trumps Republikaner sind in ihren Grundhaltungen dezidiert demokratiefeindlich.

Gerade deshalb ist es entscheidend, genau hinzuschauen – und zu fragen, was eigentlich als »normal« gilt. Wer spricht diese Normalität aus? Wer profitiert von ihr? Auf welchen Normen beruht sie? Und was gerät dabei aus dem Blick? Wir müssen wachsam bleiben. Was darf nie wieder normal werden? Was ist vielleicht längst Normalität geworden? Und wie können wir weiter hinterfragen, was uns als gegeben erscheint? Solche Fragen bilden für mich die Grundlage und den Ausgangspunkt politischer Bildung – und damit einen Weg aus der Gleichgültigkeit. Wir müssen daran festhalten: Es ist *nicht* einfach so.

»Ich bin nicht politisch.«

Ein Satz, den ich lange selbst geglaubt habe. Ich habe mich viele Jahre meines Lebens nicht als politisch wahrgenommen. Ich wüsste nicht einmal zu sagen, wann ich zum ersten Mal auf einer Demo war. 2003 gingen in Berlin über eine halbe Million Menschen gegen eine Beteiligung Deutschlands im Irak-Krieg auf die

Straße. Es war die größte Friedenskundgebung in der deutschen Nachkriegsgeschichte. Ich war 20 und lebte in Berlin. Und war trotzdem nicht dabei.

Dabei war ich durchaus politisch interessiert und hatte auch eine klare Haltung gegen den Irak-Krieg. Aber ich war nicht aktiv. Ich dachte schlicht nicht, dass es auf mich ankommen könnte – dass meine Stimme, dass mein Erscheinen auf einer Demo oder anderswo etwas zählen würde. Ich glaubte nicht, dass ich etwas verändern könnte.

Rückblickend wird oft erzählt, die 70er- und 80er-Jahre seien politisierte Jahrzehnte gewesen – in Westdeutschland durch Studierendenproteste, in Ostdeutschland durch Friedens- und Umweltgruppen im kirchlichen Kontext. Ich selbst bin in den 90ern und 2000ern sozialisiert worden – in einer Zeit, die sich für viele im Westen deutlich individualisierter und entpolitisierter anfühlte. Ich erinnere mich, Anfang 2000: Viele in meinem Umfeld studierten Philosophie, Politik- oder Kulturwissenschaften. Es wurde viel diskutiert, aber wenig gehandelt. »Nihilismus« war nicht nur ein Begriff, sondern ein Lebensgefühl. Ich kannte das Wort damals nicht, hätte es nicht verwendet. Aber was es beschreibt – die Ablehnung objektiver Werte, das Infragestellen von Sinn – trifft ziemlich genau das damalige Lebensgefühl.

Ich selbst teilte diese Haltung nicht. Ich hatte ein starkes Gerechtigkeitsgefühl, war rebellisch – aber ich fühlte mich oft naiv. Und wurde auch so behandelt.

Ohne akademische Abschlüsse, ohne das passende Vokabular, fehlte mir das Selbstbewusstsein, mich in politische Debatten einzubringen. Also schwieg ich. Zu oft.

Der Journalist und Autor Friedemann Karig beschreibt in »Was ihr wollt – Wie Protest wirklich wirkt«, dass die politische Aktivität stark davon abhängt, wie politisiert das eigene Umfeld ist. *Fridays for Future* sei ein Beispiel dafür, wie eine Bewegung Menschen erreicht, die sich vorher kaum politisch engagiert hatten, vor allem Schüler*innen und Studierende. Protestieren wurde wieder *in*. Und Teilhabe zu einem Zeichen von Zugehörigkeit zu einer Community.[9]

Es hat gedauert, bis ich meine politische Stimme fand – oder vielleicht besser: bis ich den Mut fand, sie ernst zu nehmen. Was mir fehlte war ein Raum, in dem Kunst und Aktivismus sich zusammenfinden konnten. Das habe ich zum ersten Mal so in meiner Zeit beim *Zentrum für Politische Schönheit* erlebt: ab 2011, mit 28 Jahren.

Anhand meiner eigenen Biographie wurde mir klar, dass politisches Engagement wieder attraktiv werden muss – und zugänglich für größere Teile der Gesellschaft. Mich hat die Idee fasziniert, eine Bewegung daraus zu formen. Es war meine Antwort auf den Nihilismus. Und tatsächlich hat sich etwas bewegt. Im letzten Jahrzehnt ist unter jungen Menschen ein neues Bewusstsein entstanden: Anti-Rassismus, Feminismus, queere Perspektiven und Rechte für trans Personen, Klassenfragen, Dekolonialisierung – all das gehört inzwischen zu einem politischen Selbstverständnis. Zumindest in einigen großstädtischen, jungen Milieus.

Diese Entwicklungen sind wichtig. Und sie geben Hoffnung. Aber sie reichen nicht. Und sie sind unbeständig.

Aktuell erleben wir einen Backlash, also eine Gegenbewegung zum gesellschaftlichen Fortschritt. Viele der positiven Entwicklungen der letzten Jahre drohen, verloren zu gehen. Menschen ziehen sich ins Private zurück, weil die politischen Herausforderungen zu groß und zu unlösbar erscheinen. Und viele erreichen wir mit politischer Bildung und Aktivismus nach wie vor nicht – vor allem jene, die sich nie eingeladen fühlten.

Deshalb – und aus dem Wunsch heraus, Menschen wieder zu politischem Handeln zu ermutigen – gründete ich gemeinsam mit einer Verbündeten vom *Zentrum für Politische Schönheit* meine Organisation *Radikale Töchter*. In unseren Workshops vermitteln wir Ansätze des künstlerischen Aktivismus, mit dem Ziel, Menschen zu ermutigen, selbst politisch aktiv zu werden. Politische Beteiligung soll attraktiv werden, damit sie greifbar, zugänglich und wirksam ist. Für alle.

Aber wer sind eigentlich die Menschen, die sich politisch engagieren? Und wer bleibt (noch) außen vor? Und was unterscheidet diese Menschen voneinander?

Zum Glück gibt es Daten. Eine Organisation, die diesen Fragen systematisch nachgeht, ist *More in Common*. Sie erforscht gesellschaftliche Einstellungen zur

Demokratie und sozialen Teilhabe – insbesondere mit Blick auf Gruppen, die sich politisch nicht oder kaum vertreten fühlen. Gegründet wurde sie in Großbritannien nach dem Mord an der britischen Labour-Politikerin Jo Cox im Jahr 2016. Sie wurde im Vorfeld des Brexit-Referendums nach einer Bürgersprechstunde auf der Straße in ihrer Gemeinde von einem Rechtsradikalen angeschossen und erstochen. Ihr Witwer initiierte *More in Common* als Antwort auf die zunehmende gesellschaftliche Spaltung. Ziel der Organisation: den Zusammenhalt stärken, die Demokratie stützen, mit Fakten statt Schlagworten. Heute ist *More in Common* auch in Deutschland aktiv und versorgt uns mit relevanten Daten.

Die gute Nachricht: 80 Prozent der Menschen in Deutschland finden, dass Beteiligung zur Demokratie dazugehört. Viele denken über ihre Rolle im Gemeinwesen nach.[10]

Die schlechte Nachricht: Viele fühlen sich dennoch nicht ausreichend vertreten. Der Eindruck, ihre Stimme hat wenig Einfluss, hält sie davon ab, sich überhaupt einzubringen.

More in Common beschreibt ein Drittel der deutschen Bevölkerung als das »unsichtbare Drittel«: Menschen, die sich kaum oder gar nicht politisch beteiligen. Viele von ihnen fühlen sich nicht gehört und nicht gesehen. Sie sind politisch unzufrieden oder haben keinen wirklichen Bezug zum politischen System. Ihr Rückzug hat Gründe: Enttäuschung, Überforderung, Erschöpfung.

Oder das Gefühl, keinen persönlichen Gewinn aus der Demokratie ziehen zu können. Sie erleben das demokratische System nicht als Ort, an dem sie etwas bewegen können. Kategorien wie links und rechts geben ihnen keine Orientierung. Politik wirkt fern. Und sie selbst machtlos. Dabei werden nur diejenigen berücksichtigt, die aufgrund ihrer deutschen Staatsbürgerschaft wählen dürfen. Laut einer aktuellen Statistik dürfen etwa 10 Millionen erwachsene Menschen in Deutschland nicht an Wahlen teilnehmen, obwohl sie hier leben und Steuern zahlen.[11]

Menschen aus dem unsichtbaren Drittel gehen deutlich seltener wählen als andere. *More in Common* schreibt: »30 Prozent der Menschen in Deutschland sind sozial und politisch nicht eingebunden. [...] Über die Hälfte der Nichtwähler*innen sind im unsichtbaren Drittel zu finden.«[12] Oft wird ihnen die Schuld dafür gegeben. Dabei braucht es neue Formate – und neue Erzählungen, um sie überhaupt zu erreichen.

Challenge accepted, dachten wir uns von *Radikale Töchter*: Wie erreichen wir die Leisen? Wie schaffen wir Zugänge, die sich nicht elitär anfühlen, sondern alltagsnah, aber spannender?

Schon vorab: Jede von uns ist politisch. Auch jene, deren Engagement zwar nicht sichtbar ist – aber deshalb nicht weniger wirksam. Dazu gleich mehr – ein Blick in meine Familie hilft beim Einstieg.

Meine Eltern sind nie mit mir auf Demos gegangen. Und doch waren sie auf ihre Weise politisch aktiv. Nur anders als wir es gemeinhin definieren würden. Ich erinnere mich an ein Foto, auf dem ich mit fünf Jahren mit meiner Ballett-Gruppe zu sehen bin. Ich im hellblauen Body, während alle anderen Mädchen kleine, rosa Tutus tragen. Ein kleines, aber starkes politisches Zeichen.

Mein Vater ist Australier, er ist *weiß*. Und doch war er in den 80er- und 90er-Jahren in Stuttgart nicht gerade willkommen. Er sprach Deutsch mit Akzent, viele Schwaben taten so, als würden sie ihn nicht verstehen, und ich musste übersetzen. Ich hatte Angst, dass er als Ausländer das Land verlassen müsste. Dass er hier nicht bleiben durfte.

Das waren die 90er-Jahre im wiedervereinten Deutschland. »Ausländer raus« war auf vielen Straßen zu hören – gerufen von Neonazis, oft mitgetragen von der Mitte der Gesellschaft. Aber ich begriff nicht, dass es eigentlich gar nicht um *weiße* Ausländer wie ihn ging. Was ich als AUSLÄNDERFEINDLICHKEIT empfand, war in Wahrheit ein struktureller RASSISMUS – und der richtete sich vor allem gegen Schwarze und muslimische Menschen und weitere People of Colour. Das konnte ich mit neun Jahren nicht verstehen. Ich hatte kein Konzept dafür. Nur das vage Gefühl, dass etwas ungerecht war und dass meine Angst irgendwie nicht die ganze Wirklichkeit erklärte.

Geflüchtetenunterkünfte brannten. Schwarze Menschen, muslimische Menschen und weitere People of Colour wurden angegriffen, verletzt, ermordet. Die rassistischen Pogrome von Rostock-Lichtenhagen, Mölln, Solingen – das war die Realität, in der ich aufwuchs.

Meine Eltern sahen Tagesschau, lasen Zeitung. Sie waren informiert, und sie sprachen mit uns über Ausländerfeindlichkeit. Schnell waren wir bei Nazi-Deutschland, beim Holocaust. Sie wollten uns nicht abschirmen, sondern einbinden.

Trotzdem waren sie nicht im klassischen Sinn politisch aktiv. Sie gehörten zu den 17 Prozent, die laut *More in Common* zwar sichtbar sind, aber wenig bewegen. Diese Gruppe geht wählen. Sie informiert sich. Aber sie stabilisiert dabei auch den Status quo. Und genau dort braucht es etwas mehr Ungehorsam.

Heute ist meine Mutter aktives Mitglied bei den OMAS GEGEN RECHTS, einer parteiunabhängigen Bürgerinitiative, die sich gegen Rechtsextremismus, Rassismus, Antisemitismus und andere Formen der Diskriminierung engagiert. Sie trägt ihren Ansteckbutton stolz am Rucksack, spricht öffentlich über ihre Haltung. Vielleicht wurde sie von ihrer »radikalen Tochter« inspiriert. Vielleicht hat jetzt endlich die nötige Zeit. Heute ist sie sichtbar. Und laut. Und ich bin stolz.

Sicherlich hat sie auch mich inspiriert. Nur habe ich das lange unterschätzt: Sie leistete schon politische Arbeit, nur war sie unsichtbar. Diese Form von Arbeit wird oft übersehen – gerade von den Menschen, die sie tragen. Sie wird tagtäglich geleistet, meist von Frauen und anderen MARGINALISIERTEN Gruppen: ohne Anerkennung, ohne Bezahlung, ohne politischen Status.

Sichtbare politische Arbeit zu leisten, also auf Demos gehen, öffentlich sprechen, aktiv mitgestalten, dafür braucht man Zeit, Energie und Sicherheit. Doch viele Menschen stemmen nebenbei Erwerbs- und Care-Arbeit. Sie leisten tagtäglich relevante politische Beiträge, aber im Privaten, im Kleinen.

Diejenigen, die als politisch aktiv gelten, sind meist jene, die sichtbare politische Arbeit leisten: Politiker*innen, Journalist*innen, Menschen, die demonstrieren oder Petitionen unterschreiben. *Unsichtbare politische Arbeit* taucht in keiner Statistik auf – aber sie wirkt. Sie ist notwendig. Und sie verdient Anerkennung.

Genau dort liegt ein Schlüssel: Diese unsichtbare politische Arbeit sichtbar zu machen, sie ernst zu nehmen – als Grundlage für politische Bildung und Teilhabe. Denn wer erkennt, dass auch Gespräche, Haltung, Erziehung politische Wirkung entfalten, versteht: Ich bin Teil davon. Und es fängt bei mir an.

Es gibt viele Wege, um politisch wirksam zu werden. Manche verlaufen leise – durch Gespräche, durch Haltung, durch unseren Alltag. Vielleicht haben wir längst die ersten Schritte getan, ohne sie als solche zu erkennen. Der Satz »Ich bin nicht politisch« übersieht, wie viel Politik oft schon im eigenen Leben steckt.

Eine Schule voller Schafe?

Viele politische Überzeugungen entstehen nicht im Streitgespräch oder auf Demonstrationen. Sie entstehen viel früher – im Elternhaus, in Freundschaften. Und oft: in der Schule.

»Es ist einfach so.«

»Ich bin doch nicht politisch.«

Solche Glaubenssätze tragen viele in sich, oft ein Leben lang. Sie klingen banal, aber sie entfalten Wirkung. Sie schwächen das Vertrauen in die eigene Stimme. Und sie lenken Verantwortung nach außen. Doch woher kommen sie? Und warum halten sie sich so hartnäckig? Das hat viel mit unserem Bildungssystem zu tun.

Neulich sprach ich mit der Leiterin einer Organisation, die – ähnlich wie *Radikale Töchter* – in der politischen Bildung arbeitet, aber mit einer anderen Zielgruppe: Sie gehen in Gymnasien und lassen die Schüler*innen eigene Projekte im Rahmen demokratischer Beteiligungsverfahren entwickeln. Spannend, dachte ich. »Und? Wie klappt das?« Ihre Antwort: »Es ist verdammt harte Arbeit.«

Viele Gymnasiast*innen wollten vor allem eines: es richtig machen. Eine sagte kürzlich: »Was möchte denn unsere Lehrerin, was wir machen? Ich will schon eine gute Note bekommen.« Dabei ging es überhaupt nicht um Noten. Der Reflex, sich anzupassen, sitzt tief.

Ich fragte mich: Hätte mir früher politische Bildung

geholfen? Vermutlich nicht. Ich hatte klassische politische Bildung. Ich wusste, wie der Bundestag funktioniert – aber nicht, was meine Rolle dabei sein könnte. Selbstwirksamkeit, Verantwortung – all das blieb mir fremd. Die Erfahrung, mit dem eigenen Denken und Handeln tatsächlich etwas bewirken zu können, kam in meiner Schulzeit nicht vor. Im Gegenteil: Eine kritische Haltung war in meiner Schule nicht erwünscht. Regeln, Strukturen oder Autorität in Frage zu stellen, hat dazu geführt, dass ich schlechte Noten bekam und durchfiel. Wer sich in Strukturen einfügte, bei Ungerechtigkeiten schwieg und brav war, kam durch. Wer dazugehörte und gute Leistung erbrachte, hatte es leichter.

Dabei sind Schüler*innen nicht unpolitisch. Aber das deutsche Schulsystem fordert kaum Selbstwirksamkeit – obwohl sie für eine demokratische Haltung ungeheuer wichtig wäre. Die Politikwissenschaftlerin Manon Westphal schreibt dazu:

> »Eine politische Bildung, die es sich zum Auftrag macht, Bürger:innen zu Kritik zu befähigen, vermittelt den Unterschied zwischen Demokratie als konkrete politische Ordnung und Demokratie als Idee eines kontinuierlichen Gestaltungspotenzials.«[13]

Warum passiert das dann nicht? Die Lehrer*innen? Unter Druck. Die Schulen? Überfordert. Politiklehrkräfte? Mangelware. Allgemeine politische Bildung wird zunehmend von fachfremden Lehrer*innen unterrichtet, vor allem an Haupt- und Realschulen. Eine Studie von 2022 zeigt: An Berufsschulen ist es noch schlimmer, sie bieten kaum Raum für den Erwerb von demokratischen Kompetenzen.[14]

Ich sprach mit Thomas Krüger darüber. Er ist Präsident der *Bundeszentrale für politische Bildung* und begleitet meine Arbeit seit vielen Jahren. Er betont: Politische Bildung müsse schon in der frühkindlichen Erziehung und in der Grundschule beginnen. Und durch alle Schulformen hindurch konsequent durchgeführt werden.

Doch auch das reicht nicht. Die Schule selbst muss als Ort demokratischer Bildung begriffen werden. Wir (v)erlernen die Fähigkeit zur Aushandlung und zum Umgang mit Differenzen bereits sehr früh. Schon bei der Frage, ob wir im Kindergarten lieber Memory spielen oder mit Bauklötzen, also im Kleinen, zeigt sich, wie wichtig Begleitung, Dialog und Ermutigung sind.

Doch die Ökonomisierung der Bildung – also die Vorstellung, dass Schulen in erster Linie funktionale, verwertbare Arbeitskräfte hervorbringen sollen – hat ein anderes Leitbild geprägt. Die Schule wird nicht als Raum verstanden, in dem mündige Bürger*innen heranwachsen, sondern als Ort effizienter Wissensvermittlung. Politisches Engagement? Ein Störfaktor.

Dabei war es ursprünglich ein ganz anderes Ziel, das mit dem (bundes)deutschen Schulsystem verfolgt werden sollte. Nach dem Ende des Zweiten Weltkriegs wollten die westlichen Alliierten die Gesellschaft demokratisch stabilisieren – auch durch Bildung. Das Schulsystem sollte helfen, autoritäre Strukturen zu überwinden und ein demokratisches Selbstverständnis zu fördern.

Dazu setzten sie 1946 eine Expert*innengruppe ein, die nach ihrem Leiter George F. Zook als *Zook-Kommission* bekannt wurde. Sie empfahl als unerlässliche Voraussetzung für die gesellschaftliche Demokratisierung eine möglichst lange gemeinsame Beschulung aller Kinder – unabhängig von Herkunft, Leistungsstand oder sozialem Status. Die frühe Aufteilung in das in getrennte Bildungsgänge gegliederte Schulsystem (z.B. Hauptschule, Realschule, Gymnasium) wurde kritisch gesehen.

Die Kommission warnte:

> Dieses gegliederte System führe dazu, dass »bei einer kleinen Gruppe eine überlegene Haltung und bei der Mehrzahl der Deutschen ein Minderwertigkeitsgefühl entwickelt [würde], das jene Unterwürfigkeit und jenen Mangel an Selbstbestimmung möglich machte, auf denen das autoritäre Führerprinzip gedieh«.[15]

Doch das Vorhaben scheiterte. Der Widerstand kam aus konservativen Parteien, Kirchen, Universitäten. Der damalige bayerische Kultusminister Alois Hundthammer behauptete gar: Es gebe »biologisch gegebene Ungleichheiten«[16].

Die Logik der NS-Zeit sitzt tiefer, als es vielen bewusst ist – nicht nur im Verhalten, sondern auch in den Institutionen. Ich habe kein Abitur. Kein Studium. Und ich weiß, wie sehr einen das verunsichern kann. Lange Zeit versuchte ich diesen vermeintlichen Mangel zu kaschieren. Ich las extra viel und strengte mich mehr an als alle anderen. Das Gefühl, nicht genug zu sein: nicht schlau genug, nicht gebildet genug, nicht gut genug – es hat mich lange begleitet. Und manchmal tut es das noch immer.

In unseren Workshops treffe ich viele Jugendliche, die dieses Gefühl kennen, diesen Mangel an Selbstwert und Selbstvertrauen. Rassismus, ABLEISMUS und andere Diskriminierungsformen können solche Gefühle noch weiter verstärken. Sie glauben, sie dürften nichts fordern, hätten im Politischen nichts zu suchen. Dabei liegt in ihnen so viel Kraft.

Viele von ihnen sagen: »Ich bin doch nicht politisch.« Vielleicht, weil sie nie erfahren haben, dass ihre Stimme zählt. Vielleicht, weil ihnen nie jemand zugehört hat. Aber auch wer nie gelernt hat, sich einzumischen, kann dazu inspiriert werden, anzufangen. Genau dort beginnt politische Bildung: Kreativität, Vertrauen und politischen Themen, die etwas mit mir zu tun haben.

Das Private ist politisch und das Politische ist solidarisch

Wenn wir an Politik denken, kommen den meisten Wahlplakate, Parteien, Wahlen, der Bundestag oder das Grundgesetz in den Sinn. Demokratische Institutionen also. Doch für viele Menschen ist das weit weg. Wenn wir stattdessen begreifen, dass das Politische weit mehr umfasst als das Offensichtliche, wird der nächste Schritt leichter: Verantwortung übernehmen und selbstwirksam werden.

Was ist politisch?

Was ist dein Lieblingskörperteil? Was wolltest du werden, als du noch in der Grundschule warst? Hast du schon mal eine Kuh gemolken? Welche drei Gegenstände hast du immer bei dir?

Diese und ähnliche Fragen stellten meine Kollegin Josephin und ich bei einem Workshop im THOMAS-MANN-HAUS in Los Angeles. Die Teilnehmenden beantworteten sie in wechselnden Gesprächsrunden. Wir nennen diese Methode politisches Speed-Dating. Zunächst wirkten die Fragen rein persönlich. Doch das war nur der Anfang. Die Gruppe bestand aus kulturell und politisch gebildeten, meist *weißen* Akademiker*innen, die in eher privilegierten Verhältnissen lebten.

Viele lachten bei der Kuhfrage, die Gespräche liefen leicht an. Doch dann begannen sie, abzudriften.

Wie immer in unseren Workshops, stellten wir an diesem Punkt die entscheidende Frage: »Was ist denn an diesen Fragen politisch?«

»Na, nicht viel!«, sagte ein Teilnehmer und lachte. Um ihn lauter amüsierte Gesichter. Viele nickten. »Das sind eher sehr persönliche Fragen«, sagte eine andere. »Dafür müsste man erst mal *politisch* definieren«, sagte jemand. Zustimmendes Nicken. Wir ahnten, dass sie in eine abstrakte, eher intellektuelle Diskussion einsteigen wollten. Bevor es dazu kam, teilten wir die Extra-Karten aus. Darauf stehen Fragen, wie: Wer will das so? Wer verdient dran? Auf wen würdest du dabei hören? Wen betrifft es nicht? Wer profitiert?

Plötzlich wurde es still. Dann sagte eine Stimme: »Huch, ich glaube ich habe mich geirrt. Es sind doch alle Fragen irgendwie politisch, oder?« Ein Murmeln ging durch den Raum. Ich strahlte. Ja! Genau darum geht es.

Am nächsten Tag führten wir denselben Workshop erneut durch. Diesmal mit Streetworkern und Sozialarbeiter*innen. Viele sind Schwarz, viele aus ärmeren Verhältnissen. Als ich mich erkundigte, welche Fragen denn politisch seien, blickten sie irritiert: »Alle«, sagten sie. Die Extra-Karten hätten wir uns sparen können. Diese Gruppe lebte die politische Dimension ihrer Realität. Sie wussten: Alles im Leben ist politisch.

Der Satz: »Das Private ist politisch.«, wurde in den

60er- und 70er-Jahren von der radikal-feministischen Bewegung in den USA geprägt. Zu ihren prägenden Stimmen zählten unter anderem Carol Hanisch, Chaude Pam Allen und Shulamith Firestone. Sie organisierten Gesprächskreise für Frauen, in denen persönliche Erfahrungen geteilt wurden. Fragen wie: »Was passiert in deiner Beziehung, wenn dein Mann weniger Geld verdient als du?«, wurden zur Grundlage politischer Analyse.

Diese Perspektive war nicht unumstritten – vor allem unter jenen Feministinnen, die politische Arbeit vor allem im institutionellen Raum verorteten. Für sie schien das öffentliche Reden über private Erfahrungen unpolitisch oder schwach. Doch Hanisch schrieb: »Es gibt zurzeit keine persönlichen Lösungen. Es gibt nur kollektives Handeln für eine kollektive Lösung.«[17]

Wenn wir über unsere Leben sprechen, uns über die Banalitäten, Herausforderungen, Schmerzen, und freudigen Momente austauschen, merken wir: Unsere Probleme sind nicht nur individuell. Sie haben System und sie sind in gemachte Strukturen eingebettet. Und wenn wir uns verbinden, verlieren wir Scham und Einsamkeit. Die Gemeinschaft, die dadurch entsteht, hilft uns, ein kollektives Bewusstsein zu entwickeln und *gemeinsam* Lösungen zu suchen. Daraus entsteht politische Kraft.

Hanisch beschrieb das so: »Ich verändere mich. Meinem Geist wachsen Muskeln.«[18]

Genau darum geht es bei unseren Workshops: Wir

wollen Menschen helfen, ihre eigene politische Selbstwirksamkeit zu entdecken. Denn politisches Bewusstsein beginnt nicht mit einem Parteibuch. Sondern mit der Erkenntnis: Mein Leben ist politisch. Und ich habe die Kraft, etwas zu verändern.

Mutmuskel-Training als Methode

Das politische Speed-Dating steht immer am Anfang unserer Mutmuskel-Trainings. Unsere Workshops heißen so, weil wir die Haltung vertreten, dass jede Person die nötigen Kompetenzen zur politischen Teilhabe innehat, nur müssen die entsprechenden Muskeln trainiert werden – ganz im Sinne der radikalen Feministinnen der 70er.

Ob die Erkenntnis, dass alle Fragen politisch sind, schnell oder langsam kommt, ist unterschiedlich. Manchmal ging es schnell. Manchmal brauchte es Zeit. Immer brauchte es eine Diskussion und das ist auch Sinn der Sache. Beim letzten Workshop sagte eine Person: Die Frage ist vielleicht nicht politisch, aber die Antwort ist es. Das fand ich spannend.

Besonders gerne arbeiten wir mit jungen Menschen. Gerade ihnen wird aktuell von vielen Seiten abgesprochen, politisch interessiert oder engagiert zu sein. In gesellschaftlichen Debatten wird betont, dass junge Menschen politikverdrossen seien, sich radikalisieren oder in digitale Parallelwelten abtauchen. Besonders stark betrifft das junge Menschen im ländlichen Raum und in Berufsschulen – also genau jene, mit denen wir oft arbeiten. Doch wir machen andere Erfahrungen: ermutigende. Gerade weil sich viele nicht gesehen fühlen oder keine klassischen Bildungswege gehen durften, bringen sie eine hohe Sensibilität für Ungleichheit und ein feines Gespür für Machtverhältnisse mit. Anfangs sehen sich viele als unpolitisch – doch gemeinsam merken wir schnell, wie politisch und kreativ sie in Wahrheit sind. Sie wollen sich beteiligen, diskutieren, Position beziehen. Unsere Aufgabe als Trainer*innen ist es, den Mut zu haben, ihre Haltung zunächst einfach stehen zu lassen – ihre Wut, ihre Emotionen. Wenn sie spüren, dass all das Raum haben darf, werden sie oft kooperativ, kreativ und mutig. Sie zeigen Interesse an Demokratie und Offenheit für neue Perspektiven.

Doch so wird ihnen Politik nicht beigebracht. In der politischen Bildung liegt der Schwerpunkt auf Wissen über Institutionen, Wahlen, Parteien – und auf dem *Was*: Was ist der Bundestag? Was macht ein Ministerium?[19]

Thomas Krüger, Präsident der *Bundeszentrale für politische Bildung*, hält diesen Zugang noch immer für wichtig – gerade heute. Denn nur wer die Institutionen einer Demokratie versteht, kann sie verteidigen. Und das ist wichtiger denn je, wenn anti-demokratische politische Kräfte an Einfluss gewinnen.

Wie dringend das ist, zeigte das THÜRINGER VERFASSUNGSPROJEKT von 2024: In einem zivilgesellschaftlichen Planspiel wurde simuliert, wie eine autoritär gesinnte Landesregierung demokratische Institutionen aushebeln könnte – ganz legal. Das Projekt machte deutlich: Wer die demokratischen Strukturen von Regierungen kennt, erkennt auch, wo sie verwundbar sind. Informierte und mutige Menschen sind notwendig, um die Demokratie zu schützen. Fazit: Eine wehrhafte Demokratie ist eine vorbereitete Demokratie.

Das ist zwar eine wichtige Basis für politische Bildung, doch sie muss auch das *Wie* lehren: Wie kann ich konkret auf Rassismus reagieren? Wie kann ich demokratisch einen Streit lösen? Politisches Handeln gehört zum demokratischen Zusammenleben – ob wir wollen oder nicht.

Das Politische entsteht oft im Dissens, durch Widerstand oder das Infragestellen von Machtverhältnissen. Thomas Krüger betont, dass es nicht darum geht, Menschen von oben herab zu erklären, was Demokratie bedeutet. Niemand hat die Deutungshoheit darüber – auch nicht die »linke ökosoziale Bubble«, wie er mit einem Augenzwinkern in meine Richtung sagt. Doch wir müssen mitmischen, sonst überlassen wir das Feld denjenigen, die mit demokratischen Mitteln die Demokratie zerstören wollen.

Diese Haltung – sich aktiv einzumischen und Konflikte auszuhalten – brauchen wir heute dringender denn je. Die Politikwissenschaftlerin Chantal Mouffe beschreibt das Politische als Raum für Dissens und Auseinandersetzung. Politische Bildung, so Mouffe, muss Menschen befähigen, kritisch zu denken, Konflikte auszuhalten und demokratisch zu verhandeln. Sie sollen sich nicht als Zuschauende erleben, sondern als Mitgestaltende des Politischen.[20] Es müsste also das Ziel jeglicher politischen Bildung sein, nicht nur die Politik als Konzept zu verstehen, sondern die eigene Rolle im Politischen anzuerkennen und zu fördern.

Demokratie ist ein Prozess, ständig im Wandel, voller Reibung und Vielfalt. Sie braucht Erzkonservative genauso wie Linke, solange deren Positionen mit den Menschen- und Grundrechten vereinbar sind. Aufgabe der politischen Bildung ist es, die Menschen dazu zu befähigen, an diesem intensiver gewordenen Aushandlungsprozess teilzunehmen. Oder wie Thomas Krüger es formuliert: »Wir müssen lernen, mit Menschen umzugehen, die uns fremd sind. Auch wenn es manchmal zum Kotzen ist.«

Ein politisches Bewusstsein erlernen oder es an den Radieschen packen

Wer sich politisch beteiligen will, muss nicht nur wissen, wie die Institutionen funktionieren. Man muss auch erlebt haben, dass Konflikte nicht bedrohlich sein müssen – sondern der Beginn von Veränderung sein können. Politische Bildung endet deshalb nicht im Klassenzimmer. Sie muss dort ansetzen, wo Menschen ins Gespräch kommen, Irritationen zulassen, Widerspruch aushalten – und sich trotzdem nicht abwenden. Wie das gelingen kann, zeigt eine Erfahrung aus Gotha:

Kurz vor der Landtagswahl 2024, bei der fast 30 Prozent der Stimmen an die AfD gingen, waren zwei meiner Kolleginnen in Gotha. Gotha ist die fünftgrößte Stadt in Thüringen. Über Städte wie Gotha wird viel geredet. Doch bei *Radikale Töchter* reden wir nicht über die Menschen, wir reden mit ihnen. Unsere erste Veranstaltung – ein kurzer Abendvortrag im Café – war Teil einer Kulturveranstaltung der Stadt. Die Menschen waren also nicht explizit da, um an einem Workshop zur Demokratiebildung teilzunehmen. Das Publikum: älter, skeptisch. Unsere Haltung – und unser Name *Radikale Töchter* – sorgten für Irritation. Doch die Veranstalter reagierten humorvoll: Jeder Tisch war mit Radieschen dekoriert. Radikal kommt von *radix*, lateinisch für Wurzel. Wir wollen nicht oberflächlich empören. Wir wollen an die Ursachen. Regeln hinterfragen. Machtstrukturen aufdecken. Verhältnisse verändern. Das erklärten die Veranstalter charmant. Skepsis wich der Neugier. Durch eine sanfte, kleine Kunstaktion für politische Bildung gesorgt. Ganz *nice*.

Unsere Kollegin Noëmi leitete den Workshop. Sie kennt die Ohnmacht. Und den Mut, der daraus entstehen kann. Sie weiß, wie wichtig es ist, ins Gespräch zu kommen, gerade dort, wo die Demokratie unter Druck steht. Noëmi ist Schwarz. Politisch geprägt durch ihre alleinerziehende Mutter, die sie in der Babytrage auf Demonstrationen mitnahm. Schon mit dreizehn Jahren sammelte sie Unterschriften, wenn Gelder für die Jugendarbeit gekürzt wurden.

Mich beschäftigt, warum manche Menschen sehr früh politisch aktiv werden – und andere, so wie ich selbst, erst viel später. Deshalb suchte ich das Gespräch mit ihr. »Ich hatte gefühlt keine andere Wahl, als mich für mich selbst und für andere einzusetzen«, sagte sie. »Ich habe in der Schule schon sehr früh lernen müssen, dass nichts von alleine passiert. Wenn wir – meine Mitschüler*innen und ich – etwas brauchten, mussten wir das selbst einfordern. Uns wurde schnell klar: Wir sind keine Priorität für die Politik.«

Doch Engagement kostet Kraft. Gerade in Zeiten wie diesen. Als ich sie nach dem Workshop fragte, wie es ihr geht, veränderte sich ihre Stimme. »Ich habe richtig Angst«, sagte sie. »Die aktuelle Situation engt mich ein – in meiner Bewegungsfreiheit, aber auch im Kopf.« Trotzdem war für sie klar: Sie fährt mit nach Gotha. Als ihre *weiße* Kollegin ihr anbot, sie vom Bahnhof abzuholen, war sie dankbar. »Das hat mir geholfen. Nicht nur logistisch. Auch innerlich.« Dass sie sich in so einer Situation erleichtert fühlt, macht mich wütend. Weil es zeigt, wie wenig selbstverständlich Sicherheit für alle ist.

Und dann: Workshopbeginn. Noëmi blühte auf, als sie davon erzählte. Wie immer starteten wir mit dem politischen Speed-Dating. Einige blieben zunächst am Rand sitzen und machten nicht mit. Andere stellten die Stühle um und begannen, miteinander zu reden. Als wir dann in die gemeinsame Diskussion übergingen, waren alle miteinander im regen Austausch. Manche grübelten, andere waren Feuer und Flamme für die neuen Erkenntnisse. Am Ende war auch in diesem Workshop klar: Alle Fragen sind politisch.

In solchen Momenten entsteht Bewusstsein. Es entwickelt sich ein Verantwortungsgefühl: Das Politische passiert nicht woanders. Es passiert hier. Ich bin Teil davon. Ich darf mitmischen. Ich muss. Diese Aha-Momente sind der erste Schritt, wenn es um Wege aus der Gleichgültigkeit geht. Ohne sie keine Haltung. Ohne Haltung kein Handeln.

Doch der erste Impuls kann auch überfordern. Für viele Menschen fällt der Groschen plötzlich: Wenn alles politisch ist, dann kann ich mich aus nichts heraushalten. Manche haben dann das Gefühl, sie müssen jetzt alles allein schultern. Aber sobald wir ins Gespräch kommen, wird klar: Wir sind nicht allein. Unsere Probleme sind ähnlich. Und sie sind strukturell.

Als *Radikale Töchter* lassen wir uns dabei von den radikalen Feministinnen der 70er-Jahre inspirieren. Sie machten deutlich: Kollektive Probleme brauchen kollektive Lösungen. Dafür gibt es organisierte Strukturen. Dafür gibt es Wahlen. Dafür gibt es auch künstlerische Praktiken wie Aktionskunst. Mal handeln wir direkt, mal üben wir Druck auf Entscheidungsträger*innen aus. Politisches Handeln beginnt mit einem Gedanken. Dann braucht es ein Gespräch. Und irgendwann vielleicht: alle Radieschen auf dem Tisch.

Am Ende des Workshops fragte Noëmi die Teilnehmenden nach ihrem Eindruck. Eine Frau meldete sich sofort: Anfangs sei sie skeptisch gewesen, dann überfordert von der Aufgabe, selbst politische Kunstaktionen zu entwickeln – aber am Ende konnte sich ihre Gruppe vor lauter Ideen kaum retten. »Ich glaube, ich habe zum ersten Mal richtige Selbstwirksamkeit gespürt«, sagte sie. »Das fühlt sich ganz schön geil an.«

Und ja – Selbstwirksamkeit kann Wunder bewirken. Sogar dann, wenn wir sie uns nur vorstellen. Später im Workshop gaben wir den Teilnehmenden eine kleine Fantasie-Aufgabe: »Stellt euch vor, wir planen nächsten Dienstag eine Straßenaktion.«

Die erste Runde hieß: »Ja, aber …« Was spricht dagegen? Warum könnte es nicht klappen? Das fällt den meisten Menschen leicht: »Ja, aber, das ist zu kurzfristig, das schaffen wir nicht.«, oder: »Ja, aber, die Leute arbeiten zu dieser Zeit oder sind in der Schule.« Wir alle kennen diese innere Stimme gut.

Dann kam Runde zwei: »Ja, und …« Was ginge vielleicht trotzdem? »Ja, und wir haben noch sieben Tage Zeit, um das alles zu organisieren.«, oder: »Ja, und wir können es genau dann machen, wenn viele Menschen unterwegs sind zur Arbeit oder Schule«. Wir spürten, wie die Energie stieg. Grenzen im Kopf wurden niedergerissen. Neue Ideen tauchten auf. Bisher ungedachte Alternativen erblickten das Licht.

In der dritten Runde hieß es dann: THINK BIG. Was wäre, wenn alles ginge? »Ok, wir könnten den Bürgermeister dazuholen.« »Wir machen einen Flashmob mit hundert Leuten!« Oder: »Wir könnten unsere Chef*innen fragen, ob wir die nächsten sieben Tage freinehmen können, um das alles zu organisieren!« Es entstand unvermittelt ein Raum, der sich außerhalb des gewohnten sozialen Gefüges befand – jenseits jener Grenzen, die entweder von außen gesetzt wurden oder die man sich selbst gesetzt hat. »Das fühlt sich so schön an, in diesen mutigen Raum zu treten!«, sagte mal eine Teilnehmerin zu mir. »Ich konnte mich selbst plötzlich ganz anders erleben. Aha! Ich kann mich anders verhalten, kann anders sein. Diese Gesellschaftsutopie mal durchzusprechen war so heilsam.«

Radikal sein bedeutet nicht, laut oder extrem zu sein – sondern den Mut zu haben, an die Wurzel zu gehen. Bestehende Verhältnisse nicht nur oberflächlich zu kritisieren, sondern ihre Ursachen zu hinterfragen. Was gilt als normal? Was ist tatsächlich machbar? Welche Alternativen haben wir noch nicht gesehen? Wer einmal Selbstwirksamkeit gespürt hat, dem fällt es leichter, aus dem politischen Bewusstsein heraus eine Haltung zu entwickeln – und schließlich zu handeln. Und manchen fällt das leichter als anderen: nämlich den Unangepassten.

Die Superkraft der Unangepassten

Seit meiner Jugend habe ich mich als Außenseiterin empfunden – als Unangepasste. Ich war nie die Brave mit den guten Noten. Ich bin durch Prüfungen gefallen, ich habe mit Lehrer*innen diskutiert, bin nachts sprühen gegangen, habe gerappt, während andere beim Abiball tanzten. Ich fühlte mich nirgends zugehörig. Und ja, oft wäre ich damals gern mitgeschwommen, wie alle anderen. Heute weiß ich meine eigene Außenseiterinnen-Identität zu schätzen. Unangepasste haben ein enormes Potenzial für politische Veränderung.

Mit dem *Zentrum für Politische Schönheit* wollten wir genau das nutzbar machen: Wir hinterfragten Regeln mit Satire und Ironie, deckten Missstände auf und verspotteten die Mächtigen. Humor als Waffe gegen die Gleichgültigkeit. Das ist die Superkraft der Unangepassten. Mir fiel es leicht, diese Rolle zu übernehmen, weil sie mir vertraut war.

Um Missverständnissen vorzubeugen: Ich liebe Harmonie und halte Streitlust um ihrer selbst willen für unerträglich. Aber wenn es darauf ankommt, stehe ich für meine Werte ein. Mit der Zeit habe ich gelernt, mit den negativen Reaktionen umzugehen, die eine klare politische Haltung – vor allem wenn Frauen sie äußern – mit sich bringt. Es ist Mutmuskel-Training, unangenehme Gefühle auszuhalten.

Viele Menschen fühlen sich ähnlich. Sie spielen nach Regeln, die nicht von uns oder für uns gemacht wurden. Gerade diejenigen, die durch Patriarchat, Rassismus, Ableismus oder KLASSISMUS oder aufgrund ihrer Herkunft strukturell benachteiligt sind, erleben dieses Nicht-Dazugehören besonders stark – manche mehr als andere. Dieses Gefühl hat System. Aber wir können es umdrehen: in eine demokratische Superkraft.

Diese Superkraft ist jedoch nicht von sich aus demokratisch. Aktuell erleben wir, wie auch rechte, in ihrem Kern demokratiefeindliche, Bewegungen das Gefühl des Ausgeschlossenseins instrumentalisieren. Querdenker*innen und Teile der AfD-Wählerschaft inszenieren sich als *Underdogs,* als Kritiker*innen am System. Wie ist das einzuordnen?

Dazu spreche ich mit Sandra, die seit 20 Jahren Aufklärungsarbeit gegen Rechtsextremismus leistet und in einer ostdeutschen Großstadt lebt. Sie hat Hunderte Workshops gegeben, von Kita-Erzieher*innen bis Ministeriumsangestellte war alles dabei. Ihre Beobachtung: »Ganz ehrlich: ich glaube, dass der Rechtsruck *auch* mit einer gewissen Identität von uns Ossis – und vielleicht auch dem Landvolk insgesamt – zu tun hat«, sagte Sandra. »Nämlich, dass wir rebellisch sind, dass wir anderen zeigen können, wo es langgeht, dass wir die *Underdogs* und Außenseiter sind.«

Ich frage sie, ob sie Verständnis für AfD-Wähler*innen hat. »Ich kann es nachvollziehen. Nach der Wende ging viel Vertrauen verloren. Und mit Hartz IV kam der

Bruch. Die Fortschrittserzählung hat für viele nicht gestimmt. Wir hören seit 15 Jahren nur: Jeder ist seines Glückes Schmied. Die Leute haben die Hoffnung verloren.«

Ein Bericht der Hans-Böckler-Stiftung aus 2006 beschrieb damals genau das: Die Hartz IV-Reformen verfestigten Ungleichheit und ließen das Vertrauen in den Sozialstaat schwinden.[21] Sandra betont: »Aber Verständnis heißt nicht Zustimmung.« Viele AfD-Wähler*innen profitieren durchaus vom Staat. Manche, die sie kennt, die besonders Kritischen, hätten ein Eigenheim, das nach der Flutkatastrophe mit Mitteln des Staats saniert wurde. Dennoch: »Es fehlt an gerechter Verteilung – aber auch an politischer Bildung. Wütend sein, ja. Aber bitte, ohne Menschen in Kriegsgebiete abschieben zu wollen. Wir brauchen einen viel breiteren und mutigeren gesellschaftlichen Diskurs. Darüber, wie schief vieles läuft und dass es sich gerade deshalb lohnt, sich für die demokratischen Werte einzusetzen.« Sandra erinnert: Auch in unserer Demokratie würden Menschenrechte verletzt – vor allem die von nichtdeutschen Menschen wie Geflüchteten. Umso wichtiger sei es, diese Werte im Alltag zu leben, nicht nur auf Social Media und in Talkshows.

Sandra und ich sind unangepasst. Wir sind unzufrieden mit der Demokratie – und glauben dennoch an sie. Nicht als perfekte Ordnung, sondern als Prozess, der unsere kritische Beteiligung braucht. Wir wissen, dass Demokratie Fehler hat, korrumpierbar, aber auch wandelbar ist. Und wir haben keine Angst, Kritik zu äußern und konstruktiv an neuen Wegen zu arbeiten. Gerade deshalb stehen wir für demokratische Werte ein.

Auch viele, die sich der AfD zuwenden, sind wütend – zu Recht. Die Politik ist unglaubwürdig geworden, das Vertrauen in sie ist verloren gegangen. Aber ihre Schlussfolgerungen sind fatal. Für die Demokratie einzustehen, heißt, für die Verletzlichsten einzustehen: Dafür, dass kein Mensch im Mittelmeer sterben muss. Dafür, dass niemand Angst davor haben muss, alleine nachts unterwegs zu sein. Dafür, dass wir alle in Sicherheit und Würde leben können. Denn jede*r von uns kann schneller, als wir es für möglich halten, zu den Verletzlichsten der Gesellschaft zählen. Sei es durch den Verlust des Arbeitsplatzes, durch einen Unfall, eine psychische Erkrankung oder einfach, weil wir alt werden und Hilfe benötigen.

Die Kunst des politischen Engagements

All die Erfahrungen, Begegnungen und Erkenntnisse, die ich bisher beschrieben habe – von der Erkenntnis, dass unser Alltag politisch ist über die Wirksamkeit politischer Bildung bis hin zum Mut der Außenseiter*innen – all das war Vorbereitung. Jetzt ist der Moment gekommen, an dem aus Bewusstsein Haltung wird – und aus Haltung Aktion: Wenn wir verstehen, dass unsere Stimme zählt und unsere Perspektive Bedeutung hat, liegt der nächste Schritt nahe. Wir wollen nicht nur denken, sondern handeln. Doch welche Optionen stehen uns überhaupt offen?

»250 000 Münchner auf der Straße gegen Rechts.« Ich lese diese Schlagzeile, nachdem ein Antrag der CDU/CSU zur Zurückweisung von Geflüchteten an den Grenzen mit Stimmen der AfD im Bundestag angenommen wurde – einer Partei, die vom Bundesamt für Verfassungsschutz als in Teilen gesichert rechtsextrem eingestuft wurde. An diesem kalten Januar-Wochenende 2025 protestieren eine halbe Million Menschen in ganz Deutschland dagegen. Ein Hoffnungsschimmer.

Ich bekomme Nachrichten und Einladungen von Freund*innen und Bekannten, die sich bisher nie an solchen Aktionen beteiligt haben. Scheinbar unpolitische Influencer*innen zeigen plötzlich Haltung und nehmen wütende Kommentare und Reichweitenverlust in Kauf; Organisationen wie *Omas gegen Rechts* erleben einen enormen Zulauf. Und zwei Wochen später, bei der Bundestagswahl, schafft die Partei *Die Linke* mit 8,8 % überraschend den Wiedereinzug in den Bundestag. Verändert sich gerade etwas im Mainstream? Werden wir wieder wütend? Werden wir wieder politisch? Wird Demokratie endlich wieder sexy?

Nicht ganz. Denn nicht alle teilen diesen Optimismus. Der Politikwissenschaftler Thorsten Winkelmann etwa warnt: »Aus der politischen Kulturforschung wissen wir, dass die Deutschen gerne ›meckern‹ und sich aufregen, gleichwohl auf der Couch sitzen bleiben.«[22] Autsch.

Dabei muss politisches Handeln nicht unbedingt groß oder laut sein. Neulich erzählte mir eines meiner Kinder von einem diskriminierenden Vorfall in der Grundschule. Ich sprach die Lehrerin darauf an. Sie antwortete: »Tja, das habe ich selbst nicht erlebt, da kann ich leider nichts tun.« Also gründeten wir eine Eltern-AG, die sich mit Diskriminierung und Rassismus auseinandersetzt. Als wir starteten, waren wir zu zweit: ein weiteres Elternteil und ich. Inzwischen ist unsere Gruppe gewachsen, als Reaktion auf den spürbaren Rechtsruck.

Bin ich deshalb eine Aktivistin? Ich glaube nicht, aber ich bin aktiv. Ich übernehme Verantwortung für das demokratische Zusammenleben. Dafür braucht es kein Etikett. Und in Berlin, wo progressive Haltungen in vielen Bezirken mehrheitsfähig sind, ist das vergleichsweise leicht. Die Anonymität der Großstadt schützt. Wer gegen den Strom schwimmt, riskiert hier weniger.

Anders sieht das in Regionen wie der Oberlausitz aus. In einer Schule in Görlitz wurde ein Elternteil öffentlich angefeindet, weil er eine Protestaktion gegen Rassismus organisieren wollte. Andere Eltern hielten die Sicherheit in Deutschland für das viel drängendere Thema. In Bad Freienwalde wurde eine Veranstaltung für mehr Vielfalt von einem Dutzend Vermummter angegriffen, die mit Schlagwerkzeugen auf friedliche Teilnehmer*innen losgingen.

Ich frage Sandra, die seit vielen Jahren in der Aufklärungsarbeit gegen Rechts aktiv ist, was man konkret tun kann. Sie ist überzeugt: Gespräche mit Rechten brächten selten etwas. Dafür bräuchte es das direkte Umfeld – Familie, Freundeskreis. Aber solche Gespräche kosteten unglaublich viel Kraft. Deshalb empfiehlt sie: »Stärkt lieber bestehende Betroffenenstrukturen. Lieber einen lokalen Geflüchtetenverein ehrenamtlich unterstützen, als mal wieder mit dem Nachbarn zu zoffen. Das kommt den jeweiligen Personen und der Sache eher zugute.«

Proteste, etwa in Form von Demonstrationen, sind eine der einfachsten und sichtbarsten Formen politischen Handelns. Sie können Mut machen, Gemeinschaft stiften. Ich jedenfalls bin oft tief bewegt, wenn ich in einer Menschenmenge stehe, die gemeinsam für ein wichtiges Anliegen eintritt. Diese Energie ist mit nichts zu vergleichen. Aber bewegen Demonstrationen vor allem emotional oder können sie auch realpolitisch wirken? Es deutet einiges darauf hin, dass sie Wirkung zeigen können. Die Protestwellen 2020 (nach dem Anschlag von Hanau) und 2024 (gegen die Remigrations-Pläne, aufgedeckt durch die *Correctiv*-Recherche) fanden jeweils vor wichtigen Wahlen statt. In den Regionen, in denen viele Menschen auf die Straße gingen, sank die Zustimmung zur AfD. 2021 profitierten eher migrationsfreundliche Parteien.[23] 2024 verzeichneten zivilgesellschaftliche Bündnisse wie die Omas gegen Rechts einen massiven Zulauf.[24] Bei der Bundestagswahl 2025 jedoch konnte keine demokratische Partei dieses Momentum für sich nutzen – mit Ausnahme der Partei *Die Linke*. Ihre Spitzenkandidatin Heidi Reichinneck wurde mit einer Rede gegen Friedrich Merz landesweit bekannt; die Aufzeichnung ging viral.[25] Zusätzlich führte *Die Linke* einen bemerkenswerten Haustürwahlkampf, der maßgeblich zu ihrem Wahlerfolg beitrug.[26]

Auch Studien zu *Fridays for Future* zeigen: Protest hat Einfluss. Der Protestforscher Lennart Schürmann untersuchte über 292 000 Facebook-Posts von Bundestagsabgeordneten und mehr als 43 000 parlamentarische Debatten im Bundestag. Ergebnis: In Wahlkreisen mit Klimaprotesten reagierten die entsprechenden Abgeordneten messbar stärker auf die Anliegen der Bewegung. Klimademonstrationen in Städten und auch kleineren Gemeinden führten dazu, dass die Parlamentarier der dazugehörigen Wahlkreise im Bundestag die Forderungen der Klimabewegung aufnahmen und kommentierten.[27]

Proteste sind nicht nur ein Mittel der Meinungsäußerung – sie sind auch ein Privileg. In Autokratien ist Protest lebensgefährlich. Hierzulande schützt das Grundgesetz das Versammlungsrecht.

Doch auch wenn das Recht auf Versammlungsfreiheit im deutschen Grundgesetz verankert ist, kann nicht jeder Mensch es gleichermaßen gefahrlos wahrnehmen. Für Personen ohne gesicherten Aufenthaltsstatus, für Schwarze Menschen oder für muslimische Menschen sieht die Realität oft ganz anders aus.

Minderheiten, die in Kleinstädten oder ländlichen Gegenden für ihre Rechte demonstrieren, müssen nicht selten mit Anfeindungen oder sogar mit Gewalt rechnen – und der polizeiliche Schutz kommt oft zu spät. Manchmal ist die Polizei selbst Teil des Problems. Etwa, wenn sie in voller Kampfmontur mit Schlagstöcken in eine bis dahin friedliche Versammlung einrückt.

Auch in Deutschland ist das Demonstrationsrecht nicht für alle gleichermaßen zugänglich. Es bleibt eine Frage von Privilegien. Gerade deshalb gilt: Wer *weiß* ist, einen deutschen Pass besitzt und ökonomisch abgesichert lebt, hat nicht nur die Möglichkeit, sondern auch die Verantwortung, dieses Recht zu nutzen. Eine wehrhafte Demokratie lebt davon, dass wir uns einmischen. Dass wir auf die Straße gehen.

Wir sollten es nutzen.

Dabei ist nicht jeder Protest Ausdruck kontinuierlichen Engagements. Ich spreche gern von »U-Boot-Demokrat*innen« – wie bei »U-Boot-Christ*innen«, die nur zu Weihnachten in die Kirche gehen. Manche von uns gehen einmal im Jahr zu einer Kundgebung, am 8. März zum Beispiel oder am 1. Mai. Oder eben erst, wenn es richtig brennt. Auch das ist okay. Doch Demokratie braucht mehr.

Denn oft engagieren sich nur jene, deren Rechte

direkt betroffen sind – oder jene mit Ressourcen. Stuttgart 21 war dafür ein gutes Beispiel: So viele Menschen wie noch nie sind in meiner alten Heimatstadt auf die Straße gegangen. Gegen das neue Bahnprojekt, gegen den Abriss des alten Bahnhofs. Sie haben sich sogar den Wasserwerfern der Polizei gestellt! Es war kraftvoll, aber bezeichnend: Protest wurde da laut, wo es um ihre Stadt ging, wo ihre *eigenen* Interessen, Rechte oder die eigene Freiheit bedroht waren.

Etwas Ähnliches sah man 2023 bei change.org: Die meistunterzeichnete Petition aller Zeiten gegen die Streichung des Elterngelds für Paare mit einem Einkommen über 150000 EUR pro Jahr. Mehr als 600000 Unterschriften.[28] Und es hat gewirkt. Zwei Hauptanliegen wurden umgesetzt: Die Einkommensgrenze wurde angehoben und bereits Schwangere wurden ausgenommen.

Parallel dazu lief eine andere Petition: #Elterngeldhoch.[29] Sie forderte eine Reform des Elterngelds für Geringverdienende. Die Initiatorinnen zeigten, dass Mütter im Jahr 2022 durchschnittlich nur 791€ Elterngeld bekamen, Väter dagegen 1299€. Und dass jede vierte Mutter nur den Mindestsatz in Höhe von 300€ erhielt. Gefordert wurde eine Erhöhung des Elterngeld-Höchstbetrages um 35 Prozent, höhere Ersatzraten, ein armutsfester Mindestbetrag sowie ein regelmäßiger Inflationsausgleich. Diese Petition erreichte ca. 60000 Unterschriften – also nur ein Zehntel der Unterstützung im Vergleich zur Petition für (sehr) gut verdienende Eltern. Auch diese Petition wurde im Bundestag gehört, aber nichts wurde umgesetzt.

Woran liegt das?

Die Organisation *More in Common* zeigt: Politische Teilhabe durch Protest oder Petitionen wird von bestimmten gesellschaftlichen Gruppen getragen, die das Selbstvertrauen und die Ressourcen haben.[30] Viele andere bekommen solche Aktionen kaum mit – oder glauben, dass sie für »Leute wie uns« ohnehin nichts bringen.

Die Petition gegen die Elterngeldkürzung hatte einen entscheidenden Vorteil: Aufmerksamkeit. Die Initiatorin Verena Pausder stammt aus einer Unternehmerfamilie und ist in Wirtschaft und Politik hervorragend vernetzt. Zudem verfügt sie über eine große Reichweite in den sozialen Medien. Sie konnte diese nutzen, um Presse und Influencer*innen zu mobilisieren und die Petition schnell zu verbreiten. Eine alleinerziehende Mutter auf dem Land hat diese Möglichkeiten in der Regel nicht. Ihre Anliegen sind nicht weniger berechtigt – aber sie bleiben zu häufig unsichtbar.

Deshalb braucht es andere Formen der Beteiligung. Kreative, irritierende, mediale Aufmerksamkeit erzeugende. Politische Aktionskunst kann genau das. Sie fragt anders. Sie gestaltet anders. Sie stört anders. Man muss keine eigene Kunstaktion starten – manchmal reicht es schon, ihre Prinzipien zu kennen, um mehr Aufmerksamkeit für das eigene politische Handeln zu bekommen.

»Politische Aktionskunst stört vor allem die Ressortaufteilung in den Köpfen: Politik mischt sich nicht in Kunst, Kunst bitte nicht in Politik.«,[31] schrieb einmal die erzkonservative Zeitung NZZ über eine Aktion des *Zentrums für Politische Schönheit*. Aber genau darum geht es ja: Politische Aktionskunst verwischt die Grenzen – und bringt Bewegung dorthin, wo Stillstand herrscht. Aber ist sie eine progressive, notwendige Form des Protests? Oder ein Symptom für den moralischen Verfall unserer Gesellschaft, wie bei der Aktion »Erster Europäischer Mauerfall« behauptet wurde? Die Meinungen gehen auseinander. Klar ist: Sie polarisiert. Und entzieht sich einfachen Definitionen – selbst ihren Anhänger*innen.

Beim *Zentrum für Politische Schönheit* und auch bei *Radikale Töchter* steht politische Aktionskunst im Zentrum. Der Unterschied: Während das *Zentrum* oft selbst als Künstler*innengruppe agiert, geben wir bei *Radikale Töchter* die Werkzeuge weiter, damit jede*r sie im Alltag selbst einsetzen kann. Auf dem Schulhof, im Büro, beim Elternabend.

Im Gegensatz zur klassischen Kunst bildet sie nichts ab. Sie wird erlebt, nicht betrachtet. Niemand zahlt Eintritt. Niemand bleibt Zuschauer*in. Alle sind Teil der Aktion. Teilnehmende werden damit zu Gestaltenden eines kollektiven Werkes, das Einfluss auf die Realität nehmen will. Aktionskünstler*innen sehen die Kunst als Möglichkeit: eine gesellschaftliche Zukunft zu entwerfen, bevor sie Wirklichkeit wird.

Der umstrittene Künstler Joseph Beuys hat diese Haltung geprägt. Für Beuys bedeutete Kunst nicht einzelne Werke im Museum, sondern das Denken, das Gespräch, die Aktion. Sein berühmter Satz: »Jeder Mensch ist ein Künstler«, meinte genau das – jeder Mensch besitzt die schöpferische Kraft, sich selbst und die Welt zu verändern. Oder, wie er es ausdrückte: »Die Zukunft, die wir wollen, muss erfunden werden. Sonst bekommen wir eine, die wir nicht wollen.« Diese Haltung teilen wir – und begreifen sie als Einladung, unsere Gesellschaft, unsere Demokratie selbst mitzugestalten.[32]

Diese Haltung findet sich auch in der politischen Aktionskunst. Die britische Kunsthistorikerin Claire Bishop sieht darin keine Kunstform, die in Galerien oder Museen stattfindet, sondern in der S-Bahn oder auf dem Bürgersteig: in der Öffentlichkeit. Politische Aktionskunst will etwas bewirken, provozieren, an unserem politischen Bewusstsein rütteln. Das Timing ist hierbei entscheidend. Politische Aktionskünstler*innen werden nicht beauftragt, und sie fragen nicht nach Erlaubnis, sondern handeln dann, wenn es notwendig ist. Oft im Graubereich der Legalität. Sie nutzen die Medien, um Wirkung zu entfalten. Und sie sprechen in Bildern, die jede*r versteht – auch wenn sie unterschiedlich interpretiert werden können, je nach Perspektive.[33]

Bishop verweist auf zahlreiche Aktionen weltweit: In São Paulo etwa umhüllten Künstler*innen 1979 die Köpfe einiger Denkmäler mit schwarzen Tüten – als Erinnerung an die »Verschwundenen« unter der Militärdiktatur. 1991 legten sich in Moskau Künstler*innen auf den Roten Platz und formten mit ihren Körpern das Wort хуй (dt.: Penis, Schwanz) – als Protest gegen das Inkrafttreten eines Gesetzes, das das Fluchen an öffentlichen Orten verbot. Beide Aktionen waren kurz. Aber bildlich stark – sie wurden fotografiert und verbreitet.

Mich selbst brachte CHRISTOPH SCHLINGENSIEF zur Aktionskunst. Anfang der 2000er, nach meiner Schauspielausbildung, war ich auf der Suche nach etwas Radikalem. Schlingensief – Theaterregisseur, Aktionskünstler und Filmemacher – sprengte Konventionen. Für die Wiener Festwochen im Jahr 2000 installierte er einen Wohncontainer mit zwölf Asylbewerber*innen direkt vor der Oper in Wien. Das Projekt lief unter dem provokanten Titel »Ausländer raus!« Per Online-Voting konnten Zuschauer*innen täglich darüber abstimmen, wer »abgeschoben« werden sollte. Eine drastische Inszenierung, die gleichzeitig die damals viel diskutierte mediale Perversion des Big-Brother-Zeitgeists und den global verstärkt auftauchenden rechten Diskurs bloßlegte und Linke wie Rechte gleichermaßen aufregte.[34]

In Deutschland haben Künstler*innengruppen wie das *Peng! Kollektiv*, die *Frankfurter Hauptschule*, *Rocco und seine Brüder* oder natürlich das *Zentrum für Politische Schönheit* in den letzten zehn Jahren die politische Aktionskunst maßgeblich geprägt. Viele NGOs greifen ihre künstlerischen Methoden mittlerweile auf: *Greenpeace* etwa erkannte schon früh die Macht eines starken Pressebilds. Auch die radikale Umweltbewegung *Extinction Rebellion* hat anfangs stark auf bunte Verkleidungen und visuelle Sprache gesetzt. Sie alle verbinden ästhetische Irritation mit gesellschaftlicher Einmischung.

Doch Bilder, Symbole und Inszenierungen in der Politik sind nicht automatisch befreiend – sie können ebenso leicht vereinnahmt und missbraucht werden. Genau davor warnte schon Walter Benjamin in seinem berühmten Aufsatz »Das Kunstwerk im Zeitalter seiner technischen Reproduzierbarkeit«. Er beobachtete, dass faschistische Regimes Politik nicht rational oder demokratisch gestalten, sondern emotional, dramatisch und bildgewaltig inszenieren. Massenaufmärsche, Symbolik, Architektur, Choreografien – all das dient nicht der Aufklärung, sondern der Verführung. Die Politik wird zum Spektakel. Menschen sollen nicht denken, sondern fühlen.

Benjamin beschreibt dies als eine Strategie, soziale Ungleichheit und Klassenverhältnisse nicht zu verändern, sondern durch ästhetische Überwältigung zu überdecken. Sein berühmter Satz lautet:

> »Der Faschismus führt die Ästhetisierung des politischen Lebens durch. Der Kommunismus antwortet ihm mit der Politisierung der Kunst.«

Damit fordert er: Kunst darf nicht zum Dekor der Macht werden, sondern muss gesellschaftliche Verhältnisse sichtbar machen, kritisieren und transformieren. Gegen Manipulation durch Bilder setzt Benjamin die Hoffnung auf aufklärende, emanzipatorische Ästhetik, die nicht verblendet, sondern öffnet.

Mich faszinieren Aktionen, die Bilder nicht zur Manipulation, sondern zur Befreiung einsetzen – die Ästhetik und Haltung so verbinden, dass sie Machtstrukturen sichtbar machen. Eine meiner Lieblingsaktionen überhaupt heißt: »Der unfreiwilligste Spendenlauf Deutschlands«. 2014 fand, wie in den Jahren zuvor, der sogenannte »Nazi-Marsch« in Wunsiedel statt – einer kleinen Stadt in Oberfranken, in der Rudolf Heß, Hitlers Stellvertreter, bis 2011 begraben lag. Mehrere Tausend selbsternannte Neonazis reisten auch nach der Auflösung des Grabes an, um in einem sogenannten Gedenkmarsch durch die Straßen zu ziehen. Doch dieses Mal waren sie nicht allein. Die Stadt schlug zurück: Für jeden gelaufenen Meter wurden zehn Euro an EXIT Deutschland gespendet – eine Organisation, die Aussteiger aus der rechtsextremen Szene unterstützt. Die Spendensumme wurde im Vorfeld von lokalen Unternehmen und engagierten Bürger*innen gesammelt. So kamen 10 000 Euro zusammen – und die Nazis sammelten unfreiwillig für jene, die ihrer Ideologie den Rücken kehren wollten.

Doch die Aktion entfaltete wesentlich mehr Wirkung als nur die Spendensumme. EXIT Deutschland produzierte ein lustiges Video des Marsches, das innerhalb kürzester Zeit eine Million Aufrufe auf *Youtube* hatte. Hunderte Medien weltweit berichteten. Die Aktion wurde vielfach kopiert. Seit 2015 organisiert eine lokale Bürgerinitiative jährlich eine Gegenveranstaltung für Toleranz und gegen Rechtsextremismus. Diese Gegenproteste sind zum Symbol des zivilgesellschaftlichen Widerstands geworden. In den Jahren 2023 und 2024 blieben die Nazis dann zuhause.

Humor als politische Waffe – das ist nicht neu: Hofnarren und Clowns waren schon immer politische Störer. Charlie Chaplin war einer der bekanntesten. Mit Humor und Satire zeigte er die Absurdität gesellschaftlicher Verhältnisse. Sein Film »Der große Diktator« (aus dem Jahr 1940) war politische Kunst gegen Faschismus und Ungerechtigkeit. Durch seine komödiantische Darstellung machte er einem breiten Publikum komplexe, ernste Themen zugänglich. Und er stellte sich mit seiner Clownsfigur auf die Seite der Unterdrückten. Clowns brechen Konventionen und können Macht destabilisieren.[35]

So verstehe ich auch die Aktionskunst: Als Weg, das Normale absurd erscheinen zu lassen. Als Einladung, an unseren Glaubenssätzen zu rütteln. Als Chance, unser gesellschaftliches Fundament gerechter zu machen. Dabei können wir Teilhabe ermöglichen, ohne dass Menschen vorher bewusst realisieren, dass sie gerade politisch handeln. Politische Kunst kann mit ästhetischen Mitteln das Normale bloßstellen. Debatten anstoßen. Irritieren. Und manchmal reicht das schon, um eine Tür zu öffnen für eine neue Vorstellung davon, wie die Gesellschaft gerechter, nachhaltiger und freier sein könnte. Wir müssen deshalb keine krassen Aktionen machen. Das können wir vielleicht auch nicht immer, denn gerade bei Aktionen gegen Rechtsextremismus kann es schnell um unsere eigene Sicherheit gehen. Ich sehe politische Aktionskunst auch als Haltung – als Intention, mit der wir jeden Morgen in den Tag starten können.

Doch Aktion allein reicht nicht. Es zählt nicht nur, was wir tun – sondern auch, *wie* wir es tun. Und dafür müssen wir die bestehenden Machtverhältnisse mitdenken: in der sichtbaren ebenso wie in der oft unsichtbaren politischen Arbeit. Politische Veränderung braucht mehr als Aktion – sie braucht eine Praxis, die von feministischen Prinzipien getragen wird. Was das bedeutet, darum geht es im nächsten Kapitel.

macht

Unsichtbares sichtbar machen

Macht, wie wir sie heute oft erleben, ist nicht für alle gleichermaßen zugänglich. Sie schließt viele von uns aus: Frauen, queere Menschen, Menschen mit Behinderungen, mit Rassismuserfahrungen, Menschen, die in Armut leben, Menschen mit einer ostdeutschen Sozialisation oder die einen prekären Aufenthaltsstatus haben. Viele von uns kennen das Gefühl, dass das politische System kein Ort für unsere Perspektiven ist. Dass unsere Erfahrungen dort nicht zählen. Und doch erleben wir diese Ausschlüsse nicht gleich. Manche werden gleichzeitig an mehreren Stellen benachteiligt – etwa als Schwarze Frau mit Behinderung, als alleinerziehender Vater in Armut oder als queerer Jugendlicher mit Migrationserfahrung. Genau hier setzt der Begriff INTERSEKTIONALITÄT an: Er beschreibt, wie sich verschiedene Formen von Diskriminierung überschneiden und gegenseitig verstärken.

Marginalisierte Menschen haben gute Gründe zu sagen: Keinen Bock! Warum sollte man sich einmischen in eine Politik, die ihre Stimmen überhört, ihre Lebensrealitäten nicht spiegelt und ihre Bedürfnisse ignoriert? Ist es nicht klüger, sich rauszuhalten? Und sich um das eigene Wohlbefinden, die eigene Familie zu kümmern? Diese Haltung begegnet mir oft – und ich verstehe sie gut. Denn es stimmt: Die Demokratie, in der wir leben, ist nicht perfekt, aber gerade deshalb braucht sie uns. Nicht, weil wir mitspielen sollen, sondern weil wir die Spielregeln ändern müssen.

Denn – wie wir gesehen haben – es gibt keine Trennung zwischen dem Privaten und dem Politischen. Die Vorstellung, man könne sich heraushalten und nur um sich selbst kümmern, ist entweder eine Illusion – oder ein Privileg. Selbstfürsorge und politisches Engagement schließen einander nicht aus. Im Gegenteil: Sie bedingen sich gegenseitig. Denn wir sind miteinander verbunden. Wir brauchen einander. Nur wurde uns das über Jahrhunderte hinweg ausgeredet. Stattdessen prägen individualistische Erzählungen unser Denken. Sätze, wie: »Du bist deines eigenen Glückes Schmied«, prägen unsere politischen Diskurse, vom Bürgergeld bis zur europäischen Abschottungspolitik. Geschichten von »Starken« (oder besser »starken Männern«), die sich durchsetzen und »Schwachen«, die zurückbleiben gehören zum Patriarchat. Das Leben ist ein Wettkampf, es geht ums Gewinnen.

Ich habe gesehen, wie viel Veränderung möglich

ist – persönlich wie gesellschaftlich –, wenn wir politisches Handeln durch eine feministische Brille betrachten. Patriarchale Strukturen und Denkmuster sind tief in unserer Gesellschaft verankert. Sie durchziehen unser politisches System genauso wie unsere Familien, unsere Arbeitsplätze – und unsere Gedanken. Ein feministischer Blick macht sichtbar, wie das Patriarchat wirkt: wie es unsere Wahrnehmung prägt, unsere Entscheidungen beeinflusst – oft ohne, dass wir es bemerken. Und er fragt, wie kann politisches Engagement anders aussehen? Feministisch-demokratisch zu handeln, heißt, sich für eine Haltung zu entscheiden, die solidarisch ist, empowernd und transformativ.

Vieles, was ich in meiner Zeit beim *Zentrum für Politische Schönheit* erlebt habe, war revolutionär. Aber nicht alles war feministisch. Weder in der Organisationsstruktur noch in der Art und Weise, wie wir Aktionen gestalteten. Schon damals habe ich mir die Frage gestellt: Wie wäre es, wenn nicht nur einige wenige wie wir politische Aktionskunst machen, sondern viele Menschen diese kreativen Methoden nutzen würden, um ihre politischen Themen sichtbar zu machen? Das war für mich ein Grund, *Radikale Töchter* zu gründen – weil ich das Potenzial sah, durch feministische Aktionskunst eine politische Bewegung zu starten.

Seitdem arbeiten wir bewusst daran, patriarchale Muster aus unseren Köpfen und unserer Arbeit zu verbannen. Aber eines ist klar: *Radikale Töchter* wäre nicht, was es heute ist, ohne die Erfahrungen, die ich beim *Zentrum für Politische Schönheit* gemacht habe – und ohne den Mut, meinen eigenen Weg zu gehen.

Politische Veränderung fällt nicht vom Himmel. Sie hat Geschichte. Wer sie kennt, versteht besser, was heute möglich ist – und warum es uns braucht.

Eine kurze Geschichte feministischen politischen Engagements

Bei meinem eigenen politischen Engagement geht es immer darum, aktiv zu werden und Veränderung anzustoßen. Doch wie entsteht politische Veränderung eigentlich? Ein Blick in die Geschichte zeigt: Meistens durch Reformen, nicht durch Revolutionen. Die Historikerin Hedwig Richter betont, dass die Kraft von Reformen und die Risiken von Revolutionen häufig unterschätzt werden. »Revolutionen erscheinen irgendwie sexy: Der junge Mann, der mit Steinen wirft. Aber häufig wirkt das destruktiv. Die Transformationsforschung zeigt, dass Revolutionen eher zu Diktaturen als zu Demokratien führen.«[36]

Dass dieses Missverständnis so hartnäckig ist, hat auch mit Geschichtsschreibung zu tun. Nur 0,5 Prozent der aufgezeichneten 3500-jährigen Menschheitsgeschichte handelt von Frauen.[37] Vielleicht übersehen wir politische Wirksamkeit so oft, weil sie an den falschen Stellen gesucht wird – und an anderen konsequent übersehen.

Ein Beispiel für erfolgreiche politische Veränderung sind die Frauenbewegungen der letzten 200 Jahre. Sie führten dazu, dass Frauen (*weiße* Frauen wohlgemerkt) sich an der Demokratie beteiligen durften – allem voran mit dem Wahlrecht ab 1918. Im 19. Jahrhundert engagierten sich Frauen zunehmend in Vereinen, gründeten Zeitschriften, hielten Vorträge, reichten Petitionen ein, kämpften für Mädchenschulen und Arbeitsschutz. Später schlossen sie sich zum Bund Deutscher Frauenvereine zusammen – mit etwa 500 000 Mitgliedern vor dem Ersten Weltkrieg. Politiker jener Zeit wie auch heutige Historiker*innen halten diese Bewegung für vorbildlich. Und doch ist sie bis heute kaum bekannt.

In den USA trugen Schwarze Aktivistinnen maßgeblich zu politischen Fortschritten bei: HARRIET TUBMAN etwa setzte sich 1865 für das Ende der Sklaverei ein. Sie war selbst geflüchtet und verhalf mit der *Underground Railroad* – einem geheimen Netzwerk aus Fluchthelfer*innen und sicheren Verstecken – etwa 70 weiteren Menschen zur Befreiung.[38] 1955 weigerte sich ROSA PARKS, ihren Sitzplatz im Bus für einen *weißen* Mann freizugeben und wurde zum Auslöser des *Montgomery Bus Boycotts* – einem der wichtigsten Proteste der US-Bürgerrechtsgeschichte. Beide Bewegungen wurden maßgeblich von Schwarzen Frauen getragen.[39]

Und doch erzählen gängige Narrative etwas anderes: dass es Präsident Abraham Lincoln war, der die Sklaverei beendete. Oder dass das Frauenwahlrecht von Männern »gewährt« wurde. Als sei es ein Geschenk – nicht das Ergebnis jahrzehntelangen Kampfes.

Diese Erzählungen tragen dazu bei, dass wir Politik als etwas Fernes, männlich Elitäres erleben. Dass nur das als politisch gilt, was in Parlamentsdebatten stattfindet – nicht das, was in Küchen, Klassenzimmern oder bei Demonstrationen geschieht. Emotionen, Betroffenheit, Fürsorge – all das wird ins Private verbannt. Dadurch entsteht ein verengter Politikbegriff, der vieles ausblendet. Politische Arbeit, die aus dieser fürsorgenden, erfahrungsbasierten Haltung entsteht, bleibt unsichtbar.[40] Dabei haben feministische Bewegungen über Jahrhunderte hinweg gezeigt, wie tiefgreifend Veränderungen sein können, wenn sie auf kollektive Erfahrung und intersektionale Perspektiven aufbauen. Auf diesem Wissen gründe ich meine Arbeit. Ich habe nichts davon erfunden – ich baue auf den Kämpfen und Erfolgen derer auf, die vor mir da waren.

Dieses Wissen ist nicht nur Rückblick, sondern Richtschnur. Es fordert uns heraus, genauer auf unsere eigenen Strukturen zu blicken. Wenn wir langfristig und nachhaltig politisch handlungsfähig bleiben wollen, kommt es nicht nur darauf an, *was* wir tun – sondern *wie*. Es geht darum zu erkennen, wo wir in Unterdrückungssystemen feststecken, um diese nicht zu reproduzieren. Macht nicht zu horten, sondern zu teilen. Es geht um eine feministische politische Praxis, die Unsicherheit aushält, Fehler erlaubt, Privilegien reflektiert, Gefühle zulässt und solidarisch denkt.

Ich möchte zeigen, wie wir bei *Radikale Töchter* feministisch arbeiten, wie wir Macht neu denken, Emotionen Raum geben und Solidarität und Gemeinschaft leben – statt Heldentum und Einzelkampf.

Das Patriarchat geht uns alle an

Soziologisch beschreibt der Begriff Patriarchat eine Gesellschaftsordnung, in der cis Männer eine bevorzugte Stellung in Staat und Familie innehaben. Wenn Feminist*innen das Patriarchat kritisieren, meinen sie damit Machtverhältnisse in der Gesellschaft, die männlich geprägt und dominiert sind. Also: Männer machen die Regeln und haben die Macht.

Doch wie die feministische Autorin Laurie Penny betont: Die meisten Männer sind überhaupt nicht mächtig.[41] Das Patriarchat privilegiert einige wenige – meist *weiße*, wohlhabende cis Männer – und benachteiligt alle anderen. Schwarze Männer, Männer mit Behinderungen oder chronischen Krankheiten, von Armut betroffene und trans Männer erleben ebenfalls Diskriminierung. Auch Frauen sind unterschiedlich privilegiert – *weiße*

Frauen genießen Vorteile gegenüber Schwarzen Frauen. Menschen, die sich ungern dominant zeigen, haben es in einem System, das auf Macht durch Dominanz und Gewalt basiert, ebenfalls schwerer.

Im Patriarchat gilt alles, was wir mit Weiblichkeit verbinden, weniger als das, was wir mit Männlichkeit verknüpfen. Autonomie und Unabhängigkeit zählen mehr als Verbundenheit und Fürsorge. Reden ist wichtiger als Zuhören. Gewalt gilt als legitimes Mittel zur Konfliktlösung. Rationalität wird höher bewertet als Emotionalität. Und Lohnarbeit gilt als wertvoller als Sorgearbeit.[42]

Diese patriarchalen Wertsetzungen haben tiefgreifende politische Folgen. Priorität haben Wachstum, Aufrüstung und Effizienz – während Pflege, Bildung und Klimaschutz häufig zurückstehen. Oder anders gesagt: Wenn wir Politik historisch betrachten, hören wir fast ausschließlich von den Gedanken und Ideen *weißer* Männer.[43]

Das zeigt sich auch heute: Im aktuellen Bundestag sind Frauen deutlich unterrepräsentiert. Von den 630 Abgeordneten des 21. Bundestags sind 204 Frauen. Ihr Anteil liegt bei 32,4 Prozent und ist somit sogar 2,3 Prozentpunkte weniger als noch 2021. Am höchsten ist der Anteil weiblicher Abgeordneter bei Bündnis 90/ Die Grünen mit 61,2 Prozent, am niedrigsten bei der AfD mit 11,8 Prozent. Die CDU kommt auf 22,6 Prozent Frauen, die CSU auf 25 Prozent, die SPD auf 41,7 Prozent, und Die Linke auf 56,2 Prozent.[44] Es ist kein Zufall, dass konservative Parteien einen geringeren Frauenanteil aufweisen – ihre politische Haltung ist deutlich patriarchaler geprägt.

Doch auch andere Gruppen sind unterrepräsentiert: Nur 73 Abgeordnete des neuen Bundestags haben einen Migrationshintergrund. Das ist ein Anteil von 11,6 Prozent, obwohl in der Bevölkerung 29,7 Prozent einen solchen haben (unter den Wahlberechtigten sind es 14,4 Prozent).[45]

Auch die soziale Herkunft spielt eine Rolle: Nur fünf Prozent der Abgeordneten haben längere Zeit in einem nicht-akademischen Beruf gearbeitet – gegenüber 40 Prozent in der Gesamtbevölkerung. 82 Prozent der Abgeordneten haben studiert (in der Bevölkerung: ca. 20 Prozent). 20 Prozent sind promoviert (in der Bevölkerung: 1 Prozent). »Im Plenum werden wieder mehr Abgeordnete mit Doktortitel sitzen als Abgeordnete ohne Abitur«, fasst es die Frankfurter Rundschau treffend zusammen.[46] Die wenigsten Parlamentarier*innen wissen aus eigener Erfahrung, wie es ist, von Sozialhilfe zu leben.[47] Diese Diskrepanz spiegelt die strukturellen Ungleichheiten unseres mehrgliedrigen Schulsystems.

15 Prozent der Abgeordneten stammen aus Ostdeutschland – was ihrem Bevölkerungsanteil entspricht. Doch fast die Hälfte davon sitzt für die AfD im Bundestag.[48] Besonders ostdeutsche Frauen sind stark unterrepräsentiert.

Diese strukturelle Ungleichheit zeigt sich nicht nur

im Parlament, sondern setzt sich auch in anderen politischen und gesellschaftlichen Bereichen fort – etwa in der Zivilgesellschaft. Laut einer Studie der NGO *Fair Share of Women Leaders* arbeiten rund 70 Prozent Frauen in NGOs – aber nur 40 Prozent besetzen Führungspositionen. Männer haben dort eine doppelt so hohe Chance, in leitende Rollen zu gelangen.[49]

Doch es reicht nicht, einfach mehr Frauen in Machtpositionen zu bringen. Auch Frauen können patriarchale, rassistische und andere diskriminierende Strukturen aufrechterhalten. Denn patriarchale Muster existieren nicht nur im Außen – sie wirken auch in unserem Inneren weiter. Deshalb müssen wir die tief verankerten Glaubenssätze, Prägungen und Denkweisen erkennen, verlernen und durch neue ersetzen. Diese »Arbeit« liegt im Interesse der Mehrheit. Denn patriarchale Strukturen benachteiligen fast alle und nützen letztlich nur wenigen.

Das Patriarchat und demokratiefeindliche Parteien gehen Hand in Hand

Das ideologische Fundament völkischer, rechter Parteien ist der Erhalt patriarchaler Strukturen. »Für die Aufrechterhaltung der Idee einer in sich geschlossenen und homogenen ›Volksgemeinschaft‹ bedarf es ›echter Männer und Frauen‹ mit jeweils spezifischen Rollen, Eigenschaften und Funktionen«, so ein Papier der AMADEU ANTONIO STIFTUNG, die sich seit 1998 für eine demokratische Zivilgesellschaft und gegen Rechtsextremismus, Rassismus und Antisemitismus engagiert.[50]

Diese Vorstellung beruht auf überholten biologischen Annahmen über Geschlechterunterschiede. Sie blendet aus, dass Geschlechterrollen das Ergebnis gesellschaftlicher Aushandlungen sind und bekämpft gezielt Errungenschaften wie Gleichstellung oder Geschlechtervielfalt. In der Logik dieser Ideologie wird die Frau vor allem als Hüterin der Familie inszeniert – der kleinsten Einheit im nationalen Sinn. Männer sollen physisch stark und beschützend sein, für Familie und Nation gleichermaßen. Die daraus resultierenden Rollenbilder sind nicht nur ein Angriff auf sexuelle und geschlechtliche Vielfalt, sondern auf jede Form eines gleichberechtigten Zusammenlebens.

Und dennoch stehen Frauen wie Marine Le Pen[51], Giorgia Meloni oder Alice Weidel an der Spitze rechter Parteien in Europa. Ihre politische Macht ändert jedoch nichts an der biologistisch-traditionalistischen Ausrichtung dieser Parteien. Vielmehr wird ihre Geschlechtsidentität bewusst eingesetzt, um rechte Positionen zu verharmlosen und nach außen ein gemäßigtes Bild zu vermitteln. Dass die AfD 2013 von 18 Männern gegründet wurde und auf allen Ebenen den geringsten Frauenanteil aller Parteien hat, spricht für sich.

Feminismus – insbesondere in seiner intersektionalen Ausrichtung – ist für rechte Parteien ein Feindbild. Er bedrohe, so die rechte Rhetorik, die »natürliche Ordnung« und »verweibliche« die Gesellschaft. Antifeminismus ist dabei kein Nebenschauplatz, sondern ein zentrales strategisches Instrument rechtspopulistischer Politik. Denn traditionelle Rollenverständnisse von Frauen und Männern sind auch in der sogenannten Mitte der Gesellschaft noch stark verankert. Rechte Narrative knüpfen gezielt an diese Vorstellungen an – dort, wo Geschlechternormen noch wirksam sind, stoßen sie auf Zustimmung statt Widerstand. Genau hier setzen sie an: bei scheinbar vertrauten Bildern, die Sicherheit versprechen, aber Ausschluss bedeuten.

Zunehmend erleben wir, dass rechte Akteurinnen sich als vermeintliche Frauenrechtlerinnen inszenieren und feministische Begriffe für ihre Zwecke kapern. Doch Feminismus und rechte Ideologie lassen sich nicht vereinen.[52] Was als »rechter Feminismus« verkauft wird, ist nichts anderes als eine gezielte Aushöhlung emanzipatorischer Kämpfe. Ziel ist es, Frauen für die eigenen ideologischen Zwecke zu gewinnen und die Gleichstellungspolitik insgesamt zu delegitimieren.

Wie perfide diese Strategie ist, zeigt sich unter anderem an der gezielten Thematisierung von Gewalt: So wird bei der vermeintlichen Aufklärung über Femizide der Fokus auf Täter mit Migrationsgeschichte und Rassismuserfahrung gelegt – während Gewalt durch *weiße* deutsche Männer ausgeblendet wird. Die Silvesternacht 2015 in Köln war ein Paradebeispiel für diese rassistische Instrumentalisierung. Auch 2025, als im Bundestag über das Gewalthilfegesetz – ein Gesetz für ein verlässliches Hilfesystem bei geschlechterspezifischer häuslicher Gewalt – debattiert wurde, wich die AfD gezielt aus. Statt über strukturelle Gewalt an Frauen und fehlende Plätze in Frauenhäusern zu sprechen, lenkte die Sprecherin die Debatte auf Randaspekte wie Genitalverstümmelung oder Zwangsheiraten.[53] In der Logik der Rechten wird Gewalt gern externalisiert und z.B. Männern mit Migrationsgeschichte zugeschrieben. Gewalt an migrantisierten Frauen wird in dieser Logik sogar instrumentalisiert, solange sie ins eigene Feindbild passt.[54]

Letztlich verfolgt die extreme Rechte ein Rückzugsmodell: Familie und Sexualität sollen wieder reine Privatsache sein. Fortschritte der feministischen und queeren Bewegungen sollen rückgängig gemacht werden. Die politische Dimension des Privaten – eine der wichtigsten Errungenschaften feministischer Theorie – wird aktiv bekämpft.

Doch das Patriarchat ist nicht nur ein Konzept rechter Ideologie. Es steckt auch in uns selbst. Wir sind damit aufgewachsen. Es ist Teil unserer Gewohnheiten, Denkweisen, Reaktionen. Einiges davon ist uns bewusst, vieles läuft unbewusst ab. Es ist einfach normal und scheint deshalb häufig alternativlos. Genau das macht es so schwer zu erkennen.

Dort setzen wir mit der feministisch-demokratischen Bildung an. Wir wollen diese patriarchalen Muster sichtbar machen. Und wir erleben immer wieder: Sobald ein Licht aufgeht, folgt oft ein Moment der Klarheit. Erst der Gedanke: *Huch! So wollte ich doch nicht sein.* Und dann: *Ich kann etwas daran ändern.*

Mein feministisches Erwachen

Kürzlich saß ich im Bewerbungsgespräch für eine FSJ-Stelle, die wir bei *Radikale Töchter* besetzen. Die engagierte, schlaue, junge Bewerberin sprach von der »feministischen Phase«, in der sie sich gerade befinde. Felice, meine Kollegin, antwortete trocken: Das wird bleiben. So war das bei mir auch. Einmal sensibilisiert für die unglaublichen Ungerechtigkeiten, gab es keinen Weg zurück. Ich war auf einmal Feministin – und würde es für immer bleiben.

In meinem Leben gab es viele Momente, in denen ich erkannt habe, dass ich als Mädchen oder Frau – trotz aller Errungenschaften der mehrstufigen Frauenbewegungen – immer noch in eine gewisse Rolle gedrängt werde. Häufig fehlten mir die Worte dafür. Stattdessen äußerten sich diese Erfahrungen in Gefühlen von Unwohlsein, Scham oder Frust. Erst später – durch feministische Bildung, im Austausch mit anderen Frauen, durch Filme, Bücher, Musik und vor allem durch das Muttersein – konnte ich diese Gefühle als strukturelle Diskriminierung einordnen. Und ich befinde mich noch immer im Prozess: auf einer Reise, vieles aus dem Patriarchat zu verlernen, um es neu und feministisch aufzubauen.

Meine Mutter hat uns eine Menge wichtiger Dinge beigebracht. Zum Beispiel: Geld bedeutet Unabhängigkeit. Oder: Lass dich nicht auf dein Aussehen reduzieren. Und doch war es schwer für mich, als etwa Dreizehnjährige zu bemerken, wie Männer und Jungen plötzlich anders auf mich und meinen Körper schauten. Und wie ein Wettbewerb unter uns Mädchen begann, weil ihre Blicke über unseren Wert mitentschieden. Uns war es damals nicht bewusst, aber es veränderte unsere Freundschaften. Ich wollte mich dem entziehen. Meine Strategie: Baggy-Pants, weite T-Shirts – meinen Körper verbergen. Aber es hörte nicht auf. Ich wusste instinktiv, dem MALE GAZE kann sich keine Frau ganz entziehen.

In meinen Zwanzigern begegnete er mir erneut – in der Schauspielschule und während meiner kurzen Karriere als Schauspielerin. Dort war ich der Bewertung unterschiedlicher Männer ausgesetzt: Casting Direktoren, Regisseure, Produzenten, Intendanten. Ich wechselte hinter die Kamera und begann, Filme zu drehen, um diesen Machtverhältnissen zu entkommen und meine eigenen Geschichten zu erzählen.

Früher hing ich viel auf Hip-Hop-Jams oder in Skatehallen ab. Die Jungs dort erhielten viel Aufmerksamkeit – von anderen Jungs und auch von Mädchen. Andersherum? Undenkbar. Dass Jungs zum Reiterhof kamen, um uns Mädchen dort für unser Können zu bewundern? *No way*. Viele Jungs entwickeln früh eine gewisse Selbstverständlichkeit, eine Daseinsberechtigung in Räumen. Eine Haltung, die ich bei mir und meinen Freundinnen selten sah. Fangirl – das kennen wir. Aber wie oft hören wir vom männlichen Pendant?

Dieses übersteigerte männliche Selbstbewusstsein begegnete mir später wieder, als ich als Geschäftsführerin und Gründerin Vorträge auf Konferenzen oder Panels hielt. Wie oft wurde ich danach von Männern angesprochen mit »Verbesserungsvorschlägen«. Einmal klebte uns ein Mann Post-its auf den Körper – mit Hinweisen zu Körperhaltung und Gestik. Wie ich mich selbstbewusster zeigen könne. Oder eben: männlicher. Solche Geschichten höre ich ständig von anderen Frauen. Von Männern? So gut wie nie. Dazu fällt mir ein Demoplakat ein: »Carry yourself with the confidence of a mediocre white man« – »Präsentiere dich mit dem Selbstbewusstsein eines mittelmäßigen *weißen* Mannes«.

In all diesen Momenten wurde mir bewusst, wie sehr unsere Gesellschaft – beruflich wie privat – von unausgesprochenen Rollenbildern geprägt ist. Auch in meiner damaligen Beziehung trug ich lange stillschweigend die Hauptverantwortung für die Fürsorge. Der Gedanke, auszubrechen, erschien mir lange unmöglich.

Die Entschlossenheit, mich von meinem damaligen Partner und Vater meiner älteren Kinder zu trennen, hatte ich erst, als ich *Radikale Töchter* gegründet hatte –

unter anderem, weil ich eine dreijährige Förderzusage und damit ein festes Gehalt bekam. Drei Jahre finanzielle Sicherheit waren für mich als Künstlerin ein riesiger Luxus und die Sicherheit, meine Kinder im Notfall auch allein ernähren zu können.

Ironischerweise hatte ich erst durch die Trennung genug Kraft, meine Organisation richtig voranzutreiben. Davor hatte ich den Großteil der Familien-Fürsorge-Arbeit übernommen – ohne zu merken, wie wertvoll diese Arbeit ist. Als die Kinder abwechselnd beim Vater und bei mir lebten und ich mich nicht zusätzlich um seine Bedürfnisse kümmern musste, kehrte meine Energie zurück.

Erst als ich später mit meinem jetzigen Partner zusammenzog und er wie selbstverständlich die Hälfte der Fürsorge übernahm, wurde mir die Bedeutung dieser Arbeit wirklich bewusst. Von der Lohnarbeit heimkommen – und alles ist erledigt: die Wäsche gewaschen, der Kühlschrank voll, das Abendessen gekocht. Kindergeburtstage geplant, Urlaube organisiert, zu kleine Klamotten aussortiert. Ich könnte jedes Mal heulen vor Erleichterung – und Dankbarkeit. Diese Fürsorgearbeit ist so selbstverständlich durch das Patriarchat an uns Frauen delegiert worden, dass wir ihren Wert oft übersehen.

Laut Statistischem Bundesamt leisten Frauen ab 18 Jahren wöchentlich mehr Arbeitsstunden als Männer – der Großteil davon unbezahlt. Dazu zählt vor allem Sorgearbeit: Haushaltsführung, Kinderbetreuung, Pflege, Ehrenamt. Im Schnitt leisten Frauen rund 30 von 46 Wochenstunden unbezahlt. Männer kommen auf etwa 21 unbezahlte Stunden in ihrer durchschnittlich 44,5 Stunden umfassenden Wochenarbeitszeit.[55] Das heißt: Frauen leisten jede Woche neun Stunden mehr unbezahlte Arbeit als Männer. Das erhöht ihr Risiko für Altersarmut. Weil sich Rentenansprüche in Deutschland hauptsächlich aus Erwerbsarbeit ableiten, bedeuten weniger Lohnarbeitsstunden langfristig deutlich geringere Rentenansprüche. So steigt für viele Frauen das Risiko, im Alter in Armut zu geraten. Und: Diese Zeit fehlt für politische Ämter, Führungspositionen – oder einfach für sich selbst.

Diese strukturelle Abwertung von Fürsorge betrifft nicht nur die Verteilung von Arbeit im Privaten – sie prägt auch unsere Arbeitskulturen und unser politisches Handeln. Genau deshalb stellen wir bei *Radikale Töchter* unsere eigenen Strukturen immer wieder infrage.

Feministisch-demokratische Bildung

Meiner Co-Geschäftsführerin Josephin und mir ist es wichtig, patriarchale Strukturen in unserer Arbeitskultur aufzudecken und ihnen feministische Alternativen entgegenzusetzen. Manche davon haben wir selbst entwickelt, andere von inspirierenden Vorbildern übernommen. Diese Veränderung ist ein gemeinsamer Prozess, den wir mit unseren Mitarbeitenden gestalten. In jedem Bereich – von der Meetingkultur über die Gehaltsstruktur bis hin zu Social-Media-Posts und Workshops – hinterfragen wir bewusst: Was läuft hier automatisch ab? Was fühlt sich nicht gut an? Wen schließen wir womöglich aus?

Zum Beispiel: Bei der Erstellung von Social-Media-Inhalten überlegen wir, ob es bereits kluge Beiträge, insbesondere von marginalisierten Personen, zu einem Thema gibt. Können wir ihnen eine Bühne bieten, statt selbst neue Inhalte zu produzieren? Können wir Reichweite teilen?

Auch in Gehaltsdiskussionen hören wir genau hin. Keine einzige unserer Mitarbeiterinnen äußerte den Wunsch nach einer Gehaltserhöhung – für uns kein Zeichen von Zufriedenheit, sondern ein möglicher Hinweis auf strukturell erlernte Zurückhaltung. Wir fragten uns: Wie können wir das System so gestalten, dass nicht die Frauen sich anpassen müssen, sondern wir die Bedingungen verändern? Oder, wie Josephin es formulierte: »Wie sähe ein wirklich feministisches Radikale-Töchter-Gehaltsmodell aus – inklusive Vorsorge und Arbeitszeit?« Genau daran arbeiten wir jetzt. Gemeinsam mit dem Team, auf Grundlage eigener Erfahrungen – und im Austausch mit ähnlichen Organisationen. Kinder, Care-Arbeit und Ehrenamt sollen darin ausdrücklich Platz haben.

Ein anderes Beispiel: Bei einem wichtigen Präsenztreffen wählte sich eine Kollegin kurzfristig digital dazu, weil ihr Kind Fieber hatte. Sie entschuldigte sich mehrfach – bis eine von uns sagte: »Moment mal!« Wir hielten inne und fragten uns: Reproduzieren wir hier gerade patriarchale Normen? Nicht unsere Kollegin ist das Problem, sondern ein System, das Fürsorge nicht mitdenkt. Wir bedankten uns für ihre Teilnahme und schickten am nächsten Tag ihrem Kind ein kleines Geschenk.

Wir wollen ein System, das Fürsorge in den Mittelpunkt stellt, nicht Leistung. Ganz konkret bedeutet das: Kind krank? Bleib zu Hause. Selbst krank? Bleib zu Hause. Das bedeutet auch, dass wir Anreize schaffen, uns ersetzbar zu machen – zum Beispiel jobrelevante Informationen möglichst transparent zu halten für den Fall, dass wir ausfallen. Es geht auch nicht, dass unsere Mitarbeiter*innen bis zum Umfallen arbeiten. Dadurch bleibt eben kein Raum für Fürsorge. Die eigene Arbeit und die Arbeit der Organisation so zu planen, dass die Projekte auch dann laufen, wenn jemand ausfällt. Fehler, Pausen und Auszeiten gehören für uns selbstverständlich zur Führung dazu.

Fürsorge, Dankbarkeit und Wertschätzung sind zentrale Werte unserer Arbeit – nach innen wie nach außen. Wir glauben, dass in jedem Menschen die Fähigkeit zu Selbstwirksamkeit und demokratischem Handeln steckt. Doch oft ist diese Kraft blockiert – durch Wut, Trauer oder Angst. In unseren Workshops schaffen wir Raum für diese Emotionen. Wir begegnen Menschen auf Augenhöhe und gestalten Prozesse gemeinsam. Die

Themen und Aktionen bestimmen die Teilnehmenden selbst.

Deshalb nenne ich das, was wir tun, feministische demokratische Bildung. Ihr Ziel: feministisch-demokratisches Engagement – für alle. Feminismus ist für mich kein Nice-to-have und schon gar nichts, das nur Frauen betrifft. Feminismus gehört zum Kern einer inklusiven Demokratie. Ohne diese Perspektive laufen wir Gefahr, patriarchale Strukturen und andere Unterdrückungssysteme unbeabsichtigt zu reproduzieren.

Ein feministischer Blick hilft uns, Demokratie weiterzudenken: hin zu mehr Inklusion, Sichtbarkeit und Teilhabe. Wie das konkret aussehen kann, wird uns gleich beschäftigen – aber vorher möchte ich eine Geschichte erzählen.

»Wacht auf! Wir müssen uns von der Hitlerei befreien!«

Diese Worte stehen auf einer Gedenkstele der Künstlerin Ingeborg Lockemann vor dem Rathaus im Berliner Wedding. Es sind Originalzitate von Otto und Elise Hampel, die zwischen 1940 und 1942 über 200 antifaschistische Postkarten und Flugblätter verfassten und diese in Berliner Hausfluren – im Wedding, in Kreuzberg, Schöneberg und Charlottenburg – verteilten. 1942 wurden sie denunziert, verhaftet und 1943 in Berlin-Plötzensee hingerichtet.

Ich lernte ihre Geschichte durch den Roman »Jeder stirbt für sich allein« von Hans Fallada kennen. Fallada ließ sich von ihren Taten inspirieren und verwandelte sie in seine Romanfiguren Otto und Anna Quangel. Ich las das Buch in meinen Zwanzigern, vermutlich nach der Wiederauflage 2011. Dass ganz normale Menschen wie Elise und Otto Hampel mit einfachen Mitteln Widerstand leisten und Jahrzehnte später immer noch erinnert werden, hat mich tief bewegt.

Das ist die Kraft der Kunst. Falladas Roman ist keine historische Reportage, sondern literarische Fiktion – mit erfundenen Details, aber einer großen emotionalen Wahrheit. Und genau das hat mich erreicht wie sonst nichts, was ich in der Schule zur Politik gelernt hatte.

Im Roman wird deutlich, dass fast alle der von den Quangels verteilten Karten bei der Polizei abgegeben wurden. Der Gestapo-Kommissar Escherich verspottet Otto Quangel: Wie könne ein einfacher Arbeiter glauben, gegen ein Regime voller Macht und Gewalt anzukommen? Doch Otto bleibt ruhig – und hält an seiner Haltung fest:

»Es ist egal, ob nur einer kämpft oder zehntausend; wenn der eine merkt, er muss kämpfen, so kämpft er, ob er Mitkämpfer hat oder nicht.«

Und weiter:

»Jawohl, ich weiß, was ich getan habe. Und ich hoffe, auch Sie wissen, was Sie tun, Herr Kommissar?«

»Was tue ich denn?«

»Sie arbeiten für einen Mörder, und Sie liefern dem Mörder stets neue Beute. Sie tun's für Geld, vielleicht glauben Sie nicht mal an den Mann. Nein, Sie glauben bestimmt nicht an ihn. Bloß für Geld …«

Diese Konfrontation bleibt nicht folgenlos. Der Kommissar beginnt zu zweifeln, erkennt seine Mitverantwortung – und zerbricht letztlich an ihr. In seinem Selbstgespräch sagt er:

»Hier stehe ich, wahrscheinlich der einzige Mann, den Otto Quangel durch seine Karten belehrt hat. Aber ich bin dir nichts nutze, Otto Quangel, ich kann dein Werk nicht fortsetzen. Ich bin zu feige dazu. Dein einziger Anhänger, Otto Quangel!«

Er zog rasch die Pistole hervor und schoss.
Dieses Mal hatte er nicht gezittert.

Diese Szene lässt mich bis heute nicht los. Der eine, Otto Quangel, ist machtlos im System, aber bleibt sich selbst treu. Der andere, Kommissar Escherich, ist Teil des Systems, und erkennt zu spät, dass er selbst nie mächtig war. Hans Fallada zeigt hier eindrucksvoll, dass kleine Taten – wie das Auslegen einer Karte – Wirkung zeigen können.

Für mich ist diese Geschichte ein Sinnbild dafür, was feministisch-demokratische Bildung bewirken kann: Sie befähigt uns zu erkennen: Auch wir haben Macht. Sie fordert uns heraus, Entscheidungen im Sinne der Gemeinschaft zu treffen. Und sie erinnert uns daran, dass jede*r Einzelne zählt – auch dann, wenn es unbequem wird.

Unsichtbare politische Arbeit

Die literarischen Figuren Otto und Anna Quangel – inspiriert von Elise und Otto Hampel – handeln leise, fast unsichtbar. Und doch ist ihre Arbeit im Roman so subversiv, dass das NS-Regime sie verfolgen, verhaften und hinrichten lässt. Ihre politischen Botschaften auf Postkarten sind ein stiller Angriff auf das System, das sie vernichten will. Ihre Botschaft wirkt bis heute – nicht nur in Falladas Roman, sondern in vielen von uns.

Auch wenn Otto und Anna Quangel fiktiv sind – ihr stiller Widerstand steht exemplarisch für eine Form des politischen Handelns, die oft übersehen wird, eine leise, aber wirkungsvolle.

Ein feministischer Blick auf politisches Engagement zeigt: Sehr viel politische Arbeit bleibt unsichtbar.

Sie wird oft von Frauen und anderen marginalisierten Gruppen täglich geleistet, ohne Anerkennung, ohne Bezahlung, oft ohne politischen Status.

Was meinen wir mit unsichtbarer politischer Arbeit – und wie kann sie sichtbar gemacht werden?

Dann, wenn jemand genug hat. Während der Corona-Pandemie 2020 stellte die Architektin Karin Hartmann ihrer Landesregierung eine Rechnung – für die unbezahlte Mehrarbeit, die sie durch geschlossene Kitas und Schulen auf sich nehmen musste. Die Botschaft: Care-Arbeit ist Arbeit. Sie organisierte gemeinsam mit anderen Frauen die Kampagne #CoronaElternRechnenAb. Es ging ihr nicht um tatsächliche Zahlungen – sondern darum, sichtbar zu machen, wie systemrelevant diese Arbeit ist.[56]

Auch andere Formen der unsichtbaren politischen Arbeit rückten in dieser Zeit kurz ins öffentliche Bewusstsein: Pflegekräfte, Lehrer*innen, Erzieher*innen – häufig von Frauen ausgeübte Jobs – die sogenannten systemrelevanten Berufe, die den Alltag und die Gesellschaft zusammenhalten. Und doch bleibt ihre Arbeit strukturell unterbewertet.

Während die sichtbare politische Arbeit – etwa als Politiker*in, Chefredakteur*in oder Think-Tank-Leitung – meist nicht ganz zufällig von privilegierten *weißen* Männern ausgeführt und entsprechend gefeiert und entlohnt wird, sind es in den Feldern der unsichtbaren Arbeit vor allem Frauen, die das System am Laufen halten: Sozialarbeiterinnen, Erzieherinnen,

Pflegekräfte. Sie machen über drei Viertel der Beschäftigten im Gesundheits- und Sozialwesen aus.[57] Auch in der Zivilgesellschaft sind es mehrheitlich Frauen, die das Rückgrat bilden – in Non-Profit-Organisationen, im Aktivismus, in Bildungseinrichtungen. Und dazu kommen unzählige freiwillige Helfer*innen und Aktivist*innen.

Diese Arbeit findet auch jenseits institutioneller Strukturen statt, in Nachbarschaften, Freundeskreisen, Familien. Da wird bei psychischen Krisen beigestanden, Kinderbetreuung geteilt, Amtsgänge werden übernommen oder Briefe übersetzt – weil strukturelle Barrieren bestehen. Es ist zwar eine informelle, aber eine politische Arbeit. Sie kompensiert, was der demokratische Staat nicht ausreichend leistet.

Ein klassisches Beispiel für unsichtbare politische Arbeit ist die chronisch unterfinanzierte Lage der Frauenhäuser in Deutschland. Ein bundesweit einheitlicher Rechtsrahmen für ihre Finanzierung fehlt bis heute. Stattdessen müssen sie sich über Zuwendungen aus Haushaltsmitteln von Land und Kommune, Spenden, Eigenmittel der Einrichtungsträger und Kostenbeteiligungen der Betroffenen selbst tragen. Seit Jahren steht dieser Flickenteppich in der Diskussion – verändert hat sich wenig.

Dabei ist die Notlage offenkundig. Gewalt gegen Frauen ist in Deutschland alltäglich – verwurzelt in patriarchalen Machtverhältnissen. Alle vier Minuten erlebt eine Frau hier Gewalt durch ihren (Ex-)Partner. 2023 wurden 331 Frauen Opfer von versuchtem oder vollendetem Mord oder Totschlag. 155 von ihnen durch ihren (Ex-)Partner getötet. Fast täglich findet in Deutschland ein Femizid statt.[58] Über 30 000 Frauen und Kinder suchen jährlich Schutz in Frauenhäusern.

Und dennoch: Die Kosten für ihre Versorgung werden nicht gedeckt, wie der Verein *Frauenhaus-Koordinierung e. V.* berichtet.[59] Diese politische Fürsorgeleistung wird weitgehend ausgelagert – in Ehrenamt, Zivilgesellschaft und individuelle Verantwortung.

Die Autorin Teresa Bücker bezeichnet alle Formen des politischen Engagements als »notwendige gesellschaftliche Sorgearbeit«[60]. Politik bedeutet demnach, sich um das Wohlergehen aller zu kümmern. Doch das Fürsorgliche wird – wie schon im ersten Kapitel beschrieben – immer noch als privat abgetan. Bücker erkennt darin einen zentralen Widerspruch: Demokratien beanspruchen zwar, das Gemeinwohl zu vertreten, produzieren aber Ausschlüsse, dulden Ungleichheit und nehmen Leid billigend in Kauf – sofern es nicht das eigene nationale Kollektiv betrifft.[61]

Wenn staatliche Akteure ihre Verantwortung für Sorgearbeit nicht wahrnehmen, wird sie ins Unsichtbare verlagert. Und mit ihr die Last – getragen von denen, die dafür weder bezahlt noch anerkannt werden. Die demokratische Gesellschaft existiert auch deshalb weiter, weil viele diese Verantwortung informell übernehmen.

Gleichzeitig ist der Zugang zu institutionalisiertem

politischem Engagement ungleich verteilt. Zwar engagieren sich rund 40 Prozent der Menschen in Deutschland freiwillig. Doch wer sich beteiligt, hängt stark von Bildung, Herkunft, Klasse und Fürsorge-Verantwortung ab. Menschen mit höherer Bildung, ohne Migrationsgeschichte und aus privilegierten Verhältnissen sind überrepräsentiert. Männer tauchen häufiger in der offiziellen Statistik beim Ehrenamt auf – zum Beispiel als Trainer im Sportverein. Frauen mit Kindern fehlen dort oft. Nicht, weil sie sich nicht engagieren, sondern weil ihre Arbeit anders aussieht: Sie backen Kuchen fürs Sommerfest, organisieren Schulbasare, koordinieren Fahrten zum Sportturnier. Diese Art von Engagement ist schwerer zu erfassen und wird seltener als politische oder gesellschaftliche Beteiligung anerkannt. Dabei ist sie genauso relevant.

Mir ist es deshalb wichtig, all diese Formen von Engagement – formell oder informell, privat oder öffentlich, freiwillig oder beruflich – unter dem Begriff »unsichtbare politische Arbeit« zu bündeln. Um sie sichtbar zu machen. Und auch, um mich herauszufordern: Was gehört dazu – und was übersehe ich?

Ein Gespräch mit meiner Kollegin Caro hat mir das wieder vor Augen geführt. Sie lebt in einem Wohnprojekt mit Einheimischen und Geflüchteten. Dort, erzählte sie mir, seien es nicht nur die offiziellen Ehrenämter, die zählen. Viel wichtiger seien oft die internen Netzwerke unter den Geflüchteten selbst. Die politische Arbeit, die dort geleistet werde, finde nirgends Platz – nicht auf irgendeiner Webseite, nicht im Lebenslauf, nicht auf Podien oder in Zeitungen. Und doch sei sie essenziell.

Eine zusätzliche Dimension der unsichtbaren politischen Arbeit lässt sich unter dem Begriff emotionale Arbeit fassen. Gemeint ist die permanente Anstrengung, sich mit alltäglicher Diskriminierung auseinanderzusetzen – und sie gleichzeitig für andere einzuordnen, zu erklären oder zu entschärfen. Menschen, die von Rassismus, Ableismus, Sexismus, Klassismus oder anderen Diskriminierungsformen betroffen sind, leisten diese Arbeit oft ganz selbstverständlich: Sie klären auf, widersprechen, schaffen Bewusstsein. Sie erklären, warum es übergriffig ist, ungefragt Haare anzufassen. Oder warum die Frage: »Wo kommst du wirklich her?«, nicht nur nerven kann, sondern einem die Zugehörigkeit abspricht. Diese Arbeit ist unsichtbar, nicht bezahlt – und kostet Kraft. Und sie ist politisch. Denn sie hält unsere Gesellschaft im Innersten zusammen.

Als *Radikale Töchter* möchten wir diese unsichtbare politische Arbeit sichtbar machen. Wir möchten Menschen darin bestärken, den Wert ihrer politischen Arbeit zu erkennen – so, wie ich es selbst bei meiner eigenen Familienarbeit erst lernen musste. Wir verstehen uns als Verstärkerinnen dessen, was ohnehin schon passiert: Wenn ich mir bewusst mache, dass mein Handeln politisch ist, und wie wertvoll es ist, dann mache ich mehr davon und stecke andere an.

Ja, wir sind sichtbar. Wir werden gehört, wir werden

gefördert, unsere Trainer*innen werden bezahlt. Und dennoch fällt mir immer wieder auf, wie viel von unserer Arbeit unsichtbar bleibt – weil es emotionale Arbeit ist.

Doch wie kann politische Arbeit wirken, wenn sie oft unsichtbar bleibt? Wenn so viele Menschen sich tagtäglich engagieren – und trotzdem das Gefühl haben, nichts bewirken zu können? Vielleicht hängt es damit zusammen, wie wir über Macht denken.

Macht neu denken

In Hans Falladas Roman fragt eine Figur, ob man denn als Einzelner überhaupt etwas ausrichten könne gegen ein Regime wie das der Nationalsozialisten:

> *»Aber was können wir tun [...]? Nichts! Denk an alle Macht, die der Hitler hat, und wir beide sind rein gar nichts! Nichts können wir tun!«*

> *»Wenn alle so dächten wie du, würde Hitler ewig die Macht behalten. Einer muss gegen ihn zu kämpfen anfangen.«*

Keine Macht zu haben ist eine häufige Ausrede. Verständlich, denn in einem patriarchalen Machtverständnis haben wenige viel davon und viele wenig. Doch das lässt sich hinterfragen. Denn es beruht auf einem Missverständnis: Es verwechselt Macht mit Dominanz, Herrschaft und Gewalt. Macht, wie wir sie heute oft verstehen – als »Macht über« – ist untrennbar mit patriarchalem Denken verknüpft.

Doch es gibt alternative Konzepte. Die politische Theoretikerin HANNAH ARENDT unterschied klar zwischen Macht und Gewalt. Für sie ist Macht keine Einzelleistung, kein Besitz – sondern ein kollektiver Zustand:

> »Macht entspricht der menschlichen Fähigkeit, nicht nur zu handeln oder etwas zu tun, sondern sich mit anderen zusammenzuschließen und im Einvernehmen mit ihnen zu handeln.«[62]

Die aktuelle Tendenz Richtung Dominanz und Herrschaft wiederum sei nicht mit Macht gleichzusetzen, sondern mit Gewalt. Und Gewalt sei ein Zeichen der Machtlosigkeit.

Wenn wir »Macht über« und das Streben danach als Gewalt, und als Zeichen der Machtlosigkeit anerkennen – im Sinne von Arendt, dann erkennen wir auch, dass Dominanz gar keine Macht ist. Menschen, die unbedingt nach dieser Art von Macht streben, tun dies aus einem Gefühl der Schwäche oder, wie es der Schriftsteller David Foster Wallace in seinem berührenden Vortrag »Das hier ist Wasser« formuliert:

> »Verehre die Macht, und du wirst dich schwach und ängstlich fühlen, und du wirst immer mehr Macht über andere benötigen, um dich von deiner eigenen Angst abzulenken.«[63]

Wer Angst hat, diese Macht zu verlieren, greift zu Gewalt. Im Sinne Arendts sind es gerade gewalttätige Strukturen, die machtlos sind. Machtvolle Gesellschaften zeichnen sich dagegen durch Kooperation, Pluralität und Beteiligung aus.

Auch feministische Bewegungen und Indigene Kollektive haben den Machtbegriff weiterentwickelt. Das Frauenkollektiv *JASS* ist eine Gruppe diverser Frauen, die Bewegungen für soziale Gerechtigkeit in Mexiko und Südamerika anführen. Sie haben den Machtbegriff umdefiniert und fügen dem »Macht über« drei weitere Dimensionen hinzu: »Macht mit«, »Macht zu« und »innere Macht«.[64]

»Macht mit« meint kollektives Handeln und gegenseitige Ermächtigung. Diese Dimension der Macht erinnert an Arendts Definition: Macht entsteht im Miteinander. »Macht zu« meint die Anerkennung der eigenen Selbstwirksamkeit – die Fähigkeit, etwas zu tun, zu verändern, für sich und andere einzustehen. Sie richtet den Blick auf Handlungsspielräume, nicht auf Begrenzungen. »Innere Macht« beschreibt Selbstbewusstsein, das nicht auf Dominanz beruht, sondern auf Klarheit, Verletzlichkeit und der Bereitschaft, Fehler zu machen und daraus zu lernen.

Diese Formen der Macht schließen niemanden aus. Sie wachsen, wenn wir sie teilen. Niemand kann sie uns nehmen. Wir müssen die Macht nicht fürchten, denn wir verstehen sie als schöpferische, vitale, kooperative und kollektive Kraft. Wir verlieren sie nur, wenn wir selbst glauben, ohnmächtig zu sein.

Menschen, die ihre Selbstwirksamkeit erkennen, die sich dabei mit anderen verbünden, statt allein zu kämpfen, die ermutigen, statt zu entmutigen – das sind die wahren Mächtigen. Macht ist nichts, was wir besitzen oder verlieren. Sie ist etwas, das wir miteinander erschaffen. Und wir können jederzeit damit anfangen. Hier kommt etwas ins Spiel, das oft unterschätzt wird: Gemeinschaft.

Gemeinschaft statt Trennung

»Erst langsam erkannte ich als Trainer*in: Die Menschen kommen nicht zu unseren Workshops, weil sie eine Aktion planen oder umsetzen wollen – sie kommen, weil sie Gemeinschaft suchen.« Diese Aussage von Sophia aus unserem Team irritierte mich im ersten Moment. Schließlich ist es unser Ziel, Menschen zur Aktionskunst zu motivieren, ihnen Werkzeuge an die Hand zu geben, um politische Aufmerksamkeit zu erzeugen und Selbstwirksamkeit zu erfahren. Doch im zweiten Moment berührte mich die Beobachtung sehr: »Sie wollen sich nicht mehr mit ihrer Angst, Wut und

Trauer alleine fühlen. Sie wollen Verbündete finden und Räume, die ermächtigend sind – wo man sich eben gegenseitig ermächtigen kann.« Ja, das ist es. Die Menschen finden bei uns Gemeinschaft. Und diese Verbundenheit, die in unserer zunehmend zersplitterten, individualistischen Welt allzu oft fehlt, ist der Nährboden für politische – und gerade kollektive – Macht.

Wer sich nicht bewusst und kritisch mit dem Patriarchat auseinandersetzt, verinnerlicht oft ungewollt dessen Muster. Sophia sagte auch: »Ich fand politische Aktionskunst eigentlich ziemlich männerdominiert, bevor ich *Radikale Töchter* entdeckte.« Bei vielen bekannten Initiativen wird häufig ein Mann, meist der Gründer oder Leiter, als das »Genie« hinter allem inszeniert. Diese Erzählung passt gut zum patriarchalen Heldennarrativ: Ein einzelner, außergewöhnlicher Mensch (Mann) vollbringt Großes, ganz ohne Unterstützung. Doch wie die meisten Held*innen-Erzählungen ist auch das: ein Märchen.

Gerade das mag ich an feministischer Aktionskunst: Es geht nicht darum, Ideen zu besitzen oder mit einem Namen verbunden zu sein. Es geht ums Teilen. Ums Weitergeben. Ums Kopieren. Und darum, andere zu befähigen, selbst aktiv zu werden.

Sophia erzählte mir von einer Gruppe in Wien lebender Aktivist*innen, die während eines Aufenthalts auf dem Balkan, wo viele Geflüchtete unter katastrophalen Bedingungen ausharrten, spontan eine Videoinstallation schufen. Sie wollten nicht schweigen, nicht wegsehen, sondern reagieren: mit einer künstlerischen Intervention, die sichtbar macht, was viele verdrängen – und Zeug*innenschaft leistet für das, was an den Rändern Europas geschieht. Noch bevor sie sie selbst in Wien an einem öffentlichen Gebäude abspielten, schickten sie den Link durch ihr Netzwerk mit der Bitte: »Spielt es in eurer Stadt.« In Berlin lief die Produktion sogar zuerst. Aber niemand war beleidigt – im Gegenteil: Das Video ging innerhalb kürzester Zeit durch ganz Deutschland und hatte damit eine enorme Wirkung.

Dieses Beispiel hat mich tief beeindruckt. Nicht nur wegen seiner künstlerischen Kraft, sondern wegen des Vertrauens, das in dieser Form des Teilens steckt. Genau dieses Vertrauen ist auch die Grundlage unserer Arbeit. Es liegt viel Magie darin, dass unsere Trainer*innen selbständig, mit ganz eigenem Stil, Kreativität und Erfahrungsschatz zu *Radikale Töchter* beitragen und voneinander lernen. Immer wieder erfahre ich neue inspirierende Geschichten. Erfahrungen, die wir und unsere Teilnehmenden nie gemacht hätten, würden wir nicht gezielt Räume schaffen, in denen selbständiges Handeln erwünscht ist.

So etwa in Torgau, einer Kleinstadt in Sachsen, wo die AfD bei der Bundestagswahl über 40 Prozent erreichte. Aktive Bürger*innen organisierten eine Workshop-Reihe, die Sophia leitete. Die Teilnehmenden kannten sich vorher kaum, doch wollten sie sich vernetzen, gemeinsam »am Ball bleiben«, sich gegenseitig den Rücken stärken. Sie erzählten, dass ein Nachbar, AfD-Mitglied, faschistische Schilder auf seinem Grundstück an der Ortseinfahrt aufgestellt hatte. Einschüchtern ließen sie sich davon nicht. Sie wollten weitermachen.

Es waren ausschließlich Frauen. Und sie waren altersdivers – von etwa zehn bis über siebzig Jahre alt. Alle wurden ernst genommen. Besonders die jüngsten. Und gemeinsam entwickelten sie bereits beim ersten Workshop zahlreiche Ideen. Beim zweiten Termin staunte Sophia: Fast alle hatten sich die Haare rasiert – ein *Buzzcut* als kollektives Zeichen von Zusammenhalt und Kampfgeist. Die Energie war spürbar. Da kann es eigentlich egal sein, ob und welche Aktionen sich daraus entwickeln – ein neues Gefühl der Zugehörigkeit und Verbundenheit über Altersgrenzen hinweg war gesetzt.

Doch Gemeinschaft entsteht nicht einfach so, nur weil Menschen zusammenkommen. Gerade bei sehr diversen Gruppen herrscht oft Misstrauen. Deshalb arbeiten wir mit einfachen, wirkungsvollen Methoden, um Verbindung zu fördern – und Unterschiede nicht als Bedrohung, sondern als Bereicherung zu verstehen.

Ein Schlüssel dafür liegt in der Sprache. Wir fragen zu Beginn des Workshops: »Wie möchtet ihr miteinander sein?« Die meisten zögern, wissen nicht sofort, wie sie diese Frage beantworten sollen und sind erst mal still. Kein Wunder. Wann stellen wir einander diese Frage? Wann haben wir den Raum, gemeinsam mit anderen zu definieren, was wir brauchen, um uns sicher zu fühlen, wir selbst zu sein und anderen zu vertrauen?

»Es ist eine Einladung, gemeinsam einen Raum zu kreieren, in dem Mut möglich ist, einen BRAVE SPACE, in dem Achtsamkeit erwünscht ist«, sagt meine Kollegin Johanna. Menschen dürfen mitgestalten – statt sich in einer Kultur anzupassen, die sie nicht mitgeprägt haben. Alle Trainerinnen sind sich einig: Um diesen Raum zu schaffen, braucht es nicht viel – außer miteinander zu sprechen und die Zustimmung aller einzuholen. Das garantiert keinen perfekten Brave Space. Aber es eröffnet einen Möglichkeitsraum.

Ein besonders eindrucksvolles Beispiel kam aus einem weiteren mehrtägigen Workshop in Gotha, der mit Radieschen startete. Eine vielfältige Gruppe – darunter zwei beste Freundinnen um die 18, laut, lebendig, voller Ideen und eine erfahrene Aktivistin, sachlich, rational, mit viel theoretischem Wissen. Workshopleiterin Johanna spürte sofort eine Spannung. Doch die Gruppe blieb im Gespräch. Sie arbeiteten weiter – und wuchsen zusammen. Am Ende führten sie eine Runde durch, die wir »Head, Hands, Heart« nennen. Jede teilte, was sie aus dem Workshop mitgenommen hatte – intellektuell, praktisch, emotional – und was sie in den anderen sah. Die ältere Aktivistin gab zu, dass sie die Jüngeren anfangs als naiv abgestempelt hatte. Doch am Ende war sie inspiriert von ihrem Mut, ihrer Energie und ihrer hoffnungsvollen Herangehensweise. Sie wollte mehr davon in ihr eigenes Leben und ihre Haltung übernehmen. Die Jüngeren wiederum dankten ihr für ihr Wissen, ihre Ruhe. Von ihr konnten sie viel lernen, sagten sie. Etwas war gewachsen, das größer war als die Summe der Einzelnen.

Ebenso wirksam ist das Erzählen. Persönliche Geschichten schaffen Verbindung. Wenn sich jemand zeigt, ziehen andere mit. Auch wir Trainerinnen üben, unseren Teilnehmenden ohne professionelle Maske zu begegnen, sondern als Menschen. Das ist nicht immer einfach, deshalb arbeiten wir immer im Tandem. So schaffen wir Räume, in denen Masken fallen dürfen, in denen wir uns erinnern: Wir alle sehnen uns nach Zugehörigkeit, Sicherheit, Anerkennung, Wertschätzung – und Freiheit.

Wie in Witten. Dort hatte die AfD das örtliche Theater für eine Veranstaltung gebucht. Die Leitung wusste nicht, wie sie darauf reagieren sollte. Ein öffentlicher Aufruf brachte eine bunt gemischte Gruppe zusammen: zwei ältere Männer, die anfangs unreflektiert diskriminierende Sprache verwendeten, drei junge Freundinnen aus Köln, die extra angereist waren, ein Künstler ohne politischen Hintergrund, eine Anti-Rassismus-Trainerin und eine *weiße* Person mit Dreadlocks[65], die sofort konfrontiert wurde.

»Das werden lange drei Tage«, dachte Trainerin Johanna. Die Stimmung war angespannt. Doch als die erste Person sich öffnete, änderte sich alles. Nach und nach sprachen alle über ihre Angst, über erlebte Diskriminierung. Die Atmosphäre wurde weicher, vertrauensvoller. Die Menschen konnten sich aufeinander einlassen, teilten sehr persönliche Sachen über sich. Dinge, die sie nach eigener Aussage nicht einmal mit ihren Partner*innen besprochen hatten. Am Ende sagte jemand den schönen Satz: »Das hier ist ein demokratischer Raum.«

Die Menschen kommen zu uns, weil sie Verbündete suchen. Viele hoffen auf Gleichgesinnte. Doch das Wertvollste geschieht, wenn sie Menschen begegnen, mit denen sie im Alltag wenig verbindet, und wenn sie dann erkennen: Uns verbindet so viel mehr, als uns trennt.

Unsere Gesellschaft ist stark vom Individualismus geprägt. Eine feministische Perspektive erinnert uns daran, dass wir uns nur gemeinsam stärken *können*. Kollektive Macht entfalten wir, wenn wir uns verbinden. Deshalb schaffen wir Räume, in denen Gemeinschaft entstehen kann – und damit echte Veränderung.

Emotionen Raum geben

Ein demokratischer Raum entsteht dann, wenn Menschen als ganze Personen darin Platz haben – mit all ihren Erfahrungen, Gedanken und Emotionen. Was könnte menschlicher sein als Gefühle? Deshalb ist es für die feministisch-demokratische Bildung zentral, dass wir uns nicht nur über Inhalte verständigen, sondern auch darüber, was wir fühlen.

Emotionen aus der politischen Bildung herauszuhalten, sei zum Scheitern verurteilt, betont die Professorin für politische Bildung Anja Besand.[66] Ihre Forschung zeigt: Menschen ziehen sich nicht aus der Politik zurück, weil sie sie nicht verstehen, sondern weil ihnen die emotionale Bindung fehlt oder sie negativ besetzt ist. Nach dieser Logik müssen wir zuerst an der emotionalen Seite der politischen Bildung ansetzen, bevor wir versuchen, demokratische Prozesse oder Institutionen näherzubringen. Erst dann fällt dieses Wissen auf fruchtbaren Boden.

Doch nach wie vor gilt Politik vielerorts als rationales Feld – ein Denken, das tief im Patriarchat verwurzelt ist. Politiker*innen laufen ständig Gefahr, bei Gefühlsäußerungen als »gefühlig«, irrational oder gar hysterisch abgestempelt zu werden. Wo Sachlichkeit, Strategie und Objektivität gelten, scheinen Emotionen zu stören.[67] Diese Haltung hat ihren Ursprung in der politischen Tradition der Aufklärung, die politische Prozesse rationalisierte und Emotionalität als irrational abwertete. Gerade in Deutschland ist diese Trennung besonders ausgeprägt – durch das historische Misstrauen gegenüber einem emotionalen Führungsstil nach der NS-Zeit.

Doch Emotionen zu zeigen, bedeutet nicht automatisch Manipulation. Es ist nicht nur möglich, sondern notwendig, dass sich Politiker*innen emotional zeigen und zugleich empathisch mit anderen umgehen, ohne dabei zu instrumentalisieren. Die Neurowissenschaft hat längst belegt: Verstand und Gefühl sind bei der Entscheidungsfindung nicht zu trennen. Sie wirken zusammen und beeinflussen einander – immer. Die Neurowissenschaftlerin und Autorin Maren Urner bringt es auf den Punkt:

> »Wir müssen in der Politik aufhören, Verstand und Emotionen voneinander zu trennen, denn alles, was im politischen Raum passiert, ist von Emotionen geprägt. Nur wenn wir anerkennen, dass wir alle immer und überall emotional und rational zugleich sind, können wir produktiv damit umgehen.«[68]

Die Abwertung von Emotionen gegenüber der Rationalität hat im Patriarchat System. Die binäre Zuschreibung: Emotionen gleich weiblich und privat, Verstand gleich männlich und politisch – hält wissenschaftlich nicht stand, hat sich aber als hartnäckiges Machtinstrument bewährt. Sie diente über Jahrhunderte dazu, Frauen vom politischen und öffentlichen Leben auszuschließen.[69] Die Aktivistin und Autorin Kristina Lunz formuliert es treffend:

> »Da wir seit ein paar Tausend Jahren im Patriarchat leben, in dem Macht, Ressourcen und Zugänge von Männerhand an Männerhand weitergegeben werden, wird vor allem das politische Handeln von

Männern und die Realisierung ihrer Bedürfnisse als legitim und normal angesehen. Im Gegensatz dazu werden die Versuche anderer Gruppen (wie Frauen oder *People of Colour*), ihre Bedürfnisse in politische Entscheidungen zu verwandeln, als lästig und unruhestiftend angesehen.«[70]

Diese internalisierten Glaubenssätze schüchtern viele marginalisierte Menschen ein. Sie erschweren es, sich öffentlich für die eigenen Belange einzusetzen. Sie erklären auch, warum Politikerinnen seltener ihre Gefühle zeigen als ihre männlichen Kollegen: Sie laufen Gefahr, in ein altes sexistisches Klischee zu fallen. Emotionale Ausdrucksformen erhalten oft mehr Aufmerksamkeit als das tatsächlich Gesagte – ein Beispiel dafür ist die US-Präsidentschaftskandidatin Kamala Harris, deren Lachen im TV-Duell gegen Donald Trump mehr mediale Beachtung fand als ihre inhaltlichen Aussagen.[71] Deshalb wirken viele Frauen in der Politik kühl – was ironischerweise bei den Wähler*innen auch nicht gut ankommt.

Doch wer Veränderung will, muss genau hier ansetzen: bei den Regeln, die wir für selbstverständlich halten. Radikal zu sein bedeutet, Regeln als das zu erkennen, was sie sind: menschengemacht. Nur wenn wir begreifen, dass der Status quo kein Naturgesetz ist, sondern Ausdruck bestehender Machtverhältnisse, können wir ihn in Frage stellen – und verändern. »Wenn wir ihn als nicht rechtmäßig erkennen und dagegen vorgehen.

Lautstark, vehement und unbeirrbar«[72], so fasst es Kristina Lunz treffend zusammen.

Bei *Radikale Töchter* geben wir Emotionen bewusst Raum – nicht als Gegensatz zur politischen Bildung, sondern als ihr Fundament. Denn dort, wo Gefühle gesehen und geteilt werden dürfen, sinkt die Gefahr ihrer Instrumentalisierung. Gleichzeitig erleben wir, wie schwer es vielen fällt, ihre Emotionen zu zeigen – besonders in einem öffentlichen oder ungewohnten Rahmen. Emotionen sind politisch. Ob wir das wahrhaben wollen oder nicht. Emotionale Arbeit ist auch politische Arbeit.

Letzten Sommer kam eine Familie in einen Workshop: Eltern mit ihrem erwachsenen Sohn, um die 20. Anfangs wirkten die Eltern, als wären sie aus Versehen hier. Sie saßen steif, verschränkt, reserviert. Doch als es ans persönliche Erzählen ging, öffneten sie sich. Teilten Erinnerungen, Wünsche, Sorgen – sogar ihre Wut. Ihre Körperhaltung löste sich. Am Ende sagte ihr Sohn, sichtlich gerührt: »Schon mein ganzes Leben wollte ich mich auf dieser emotionalen Ebene mit meinen Eltern austauschen. Danke, dass ihr mir das heute ermöglicht habt. Ich glaube, da tut sich gerade was ganz Wichtiges.«

Solche Momente zeigen, wie kraftvoll Emotionen in politischen Bildungsprozessen wirken können – besonders dann, wenn sie nicht verdrängt, sondern bewusst eingeladen werden. Eine Emotion spielt dabei eine zentrale Rolle: Wut.

Wut als politische Emotion

Ein fester Bestandteil unserer Workshops ist die sogenannte »Wutreise«. Wir laden die Teilnehmenden ein, zu erzählen, was sie wütend macht – denn Wut ist ein kraftvoller Kompass für die eigenen Grenzen. Und ein Motor für Veränderung. Anschließend vertiefen Zweiergruppen das Gespräch über diese Wut und die Themen, die aufkamen. Das ist oft intensiv. Viele spüren zum ersten Mal bewusst ihre Wut – und alles, was sich dahinter verbirgt. Oft sind es Angst und Trauer. Tränen sind keine Seltenheit.

Wut ist eine politische Emotion. Sie ist geprägt durch gesellschaftliche Normen, durch das Patriarchat, Rassismus und andere Unterdrückungssysteme. Frauen lernen früh, ihre Wut zu unterdrücken und sind stattdessen traurig – selbst über Missstände, die wütend machen sollten. Mädchen wird früh beigebracht, nett zu sein. Schwarze Frauen kämpfen mit dem »ANGRY BLACK WOMAN«-Stereotyp. Zeigen sie Wut, werden sie pathologisiert. Der Begriff »Hysterie« – abgeleitet vom griechischen Wort für Uterus (*hystéra*) – zeigt, wie tief solche Zuschreibungen sitzen: Jungen und Männer können demnach gar nicht hysterisch sein. Ihre Wut wird gesellschaftlich akzeptiert, manchmal sogar erwartet. Aber auch für Männer ist der Ausdruck von Wut reglementiert. Wut ist erlaubt, aber nur als Aggressivität. Andere Ausdrucksformen kennen sie oft nicht.

Dabei gibt es sie. In einem Workshop erzählten eine

Frau und ein Mann, beide ohne Zugang zu ihrer Wut, dass sie als Kinder gelernt hatten: Wut ist gefährlich. Die Frau, weil sie als Mädchen gelernt hatte, ihre Wut zu unterdrücken. Der Mann, weil er Angst vor Aggression hat – bei anderen und bei sich selbst. Gemeinsam erlebten sie einen Aha-Moment: Wut darf da sein *und* sie muss sich nicht als Aggressivität zeigen. Sie kann auch als transformative Kraft eingesetzt werden.

Die Autorin und Journalistin Margarete Stokowski schreibt:

> »Aber Wut ist nicht dasselbe wie Hass. Hass will Zerstörung, Wut will Veränderung. Hass ist destruktiv, Wut ist produktiv.«

Das erleben wir auch bei uns in den Workshops. Wut muss man nicht fürchten. Wut kann verbinden. Sie kann Mitgefühl und Solidarität freisetzen – und kollektive Macht. Wenn Teilnehmende ihre Wut zeigen, ohne Aggression, reißt das die Gruppe mit, egal was das Thema ist. Eine Frau war wütend, weil der Park gegenüber ihres Hauses so verwahrlost war, dass sie mit ihrem kleinen Kind immer zum nächsten Park fahren musste. Das betraf die anderen Teilnehmenden nicht direkt, dennoch waren alle Feuer und Flamme. Das müssen wir ändern, waren sich alle einig. Wut als transformative Kraft zieht Menschen an. Mich hat meine Wut oft inspiriert, politisch und künstlerisch tätig zu werden und etwas zu erschaffen, das Hoffnung macht.

Doch damit das gelingt, braucht es ein Gegenüber, das diese Wut nicht abwehrt, sondern erkennt, was sie auch sein kann: eine transformative Kraft, die Klarheit schafft. Die Autorin und Aktivistin AUDRE LORDE formulierte das schon 1981 bei der Konferenz der *National Women's Studies Association*: »Wut, die im Dienst unserer Vision und unserer Zukunft zum Ausdruck gebracht und in Handlung übersetzt wird, ist ein befreiender und stärkender Akt der Klarheit.«[73]

Lorde richtete sich damals vor allem an *weiße* Frauen – und kritisierte ihre Unfähigkeit, mit der Wut Schwarzer Frauen umzugehen. Statt in Schuld oder Angst zu versinken, forderte sie: Bleibt offen. Hört zu. Erkennt, was euch unterscheidet – und was euch verbindet. Sie sagte:

> »Ich bin nicht frei, solange eine Frau unfrei ist – selbst wenn ihre Fesseln ganz anders sind als meine eigenen. Und ich bin nicht frei, solange eine Person of Colour in Ketten liegt. Ihr seid es auch nicht.«[74]

Wut kann also verbinden – wenn wir ihre Kraft erkennen. Wenn diejenigen, die wütend sind und diejenigen, an die sich diese Wut richtet, gemeinsam bereit sind, daraus zu lernen.

Wut ist eine transformative politische Kraft. Sie braucht Resilienz. Sie schafft Verbindung. Und sie bewegt etwas. Sie ist keine Bedrohung – sie kann ein Anfang sein.

Und jetzt?

Wenn dieses Kapitel eines gezeigt hat, dann dies: Politisches Handeln allein reicht nicht aus – jedenfalls nicht, wenn wir einfach so weitermachen wie bisher. Denn wer bestehende diskriminierende Strukturen unbedacht reproduziert, verändert nichts an der Wurzel. Genau das bedeutet aber *radikal*: den Dingen auf den Grund zu gehen.

Deshalb brauchen wir mehr als Aktion. Wir brauchen ein durch und durch feministisch-demokratisches Engagement. Eines, das Macht neu denkt, Gemeinschaft fördert, Emotionen Raum gibt und – insbesondere politische Emotionen wie Wut – ernst nimmt. Mit Frauenthemen und Politik für Frauen hat das wenig zu tun: Feministisch-demokratisches Engagement ist ein Werkzeugkasten für alle, denn es geht weniger um das *Was,* sondern um das *Wie*.

Machen Macht Mut. Indem wir handeln, und dabei Macht neu erleben, entdecken wir auch einen anderen Mut, der zwar schon immer in uns schlummerte, den wir aber bisher nicht als solchen erkannt haben. Vielleicht, weil er anders aussieht als die Held*innen-Erzählungen des Patriarchats. Im nächsten und letzten Kapitel geht es deshalb genau darum: Wie wir diesen Mut hervorrufen.

mut

Mut ist ansteckend

Politisches Handeln braucht Mut– besonders in einem Klima der Einschüchterung, Überforderung oder sogar Gewalt. Doch Mut ist selten selbstverständlich. Wir tragen ihn zwar alle in uns, aber er muss auch trainiert werden.

Ein verbreiteter Glaubenssatz lautet: »Ich gehöre nicht zu den Mutigen«. Die Vorstellung, dass es Menschen mit und ohne Mut gibt, ist Unsinn. Je nach Biografie und Erfahrungen braucht es für verschiedene Menschen ganz Unterschiedliches, um mutig zu sein. Für die eine ist es kein Problem, auf der Bühne zu stehen – aber vor anderen zu weinen? Undenkbar. Für einen anderen mag es selbstverständlich sein, für eine Partei zu kandidieren – aber zuzugeben, dass er sich oft einsam fühlt? Unmöglich.

Deshalb geht es hier nicht darum, mutig zu werden, sondern den Mut zu entdecken, der längst da ist, aber klein gemacht wurde. Mut zeigt sich leise oder laut, sichtbar oder unscheinbar. Er ist so vielfältig wie wir – und stets politisch. Unsere Vorstellung davon, was als mutig gilt, ist geprägt durch Machtverhältnisse. Welche das sind, habe ich im vorigen Kapitel beschrieben. Mut ist auch kulturell geprägt. Was wir heute als alltäglich empfinden, galt einst als Widerstand, so wie das Verteilen staatskritischer Postkarten durch die Quangels in Hans Falladas Roman über den Widerstand im Nationalsozialismus. Damals galt das als ein mutiger Akt – in autokratischen Staaten ist es das bis heute. Und wer weiß, vielleicht auch eines Tages wieder hier.

Die Frage ist also nicht: »Wie werde ich mutig?« Sondern: »Wo liegt mein Mut? Und wie kann ich ihn stärken?« Politische Aktionskunst kann hier ein Werkzeug sein. Sie öffnet Räume für erste Schritte, neue Erfahrungen und unerwartete Begegnungen. Die folgenden Geschichten zeigen, wie so ein Weg aussehen kann – und dass Mut ansteckend ist.

Anna

»Und dann plötzlich kam die Streife und wir sind richtig losgerannt! Da habe ich mich gefragt, was ich gerade da mache, mit 38! Aber am Ende hat es sich gelohnt.«

Anna lebt mit ihrem Kind in einer Kleinstadt in Thüringen. Früher, sagt sie, sei sie unpolitisch gewesen. Keine Demos, sie interessierte sich auch nur wenig für Politik. Das war für sie etwas, das »da oben« passierte. Sie wurde zwar im Osten geboren, wuchs aber im Westen auf. Themen wie das Ost-West-Gefälle oder die Folgen der Wende berührten sie wenig – bis sie wieder in den Osten zog. Erst nach und nach wurde ihr bewusst, wie sehr sich Lebensrealitäten unterscheiden können und was dort gesellschaftlich und politisch anders lief als im Westen. Richtig politisiert hat sie das zunächst nicht, doch über die Zeit änderte sich das.

Bei Sitzungen in Landesministerien, an denen sie beruflich teilnahm, erlebte sie hautnah, wie demokratische Bildung und kulturelle Teilhabe schleichend abgebaut und wie politische Entscheidungen getroffen wurden. »Das lief ganz subtil«, erzählt Anna. »Weniger Sichtbarkeit, weniger Förderung, weniger Relevanz.« Sie versuchte gegenzuhalten, sprach mit Politiker*innen, aber sie stieß auf Gleichgültigkeit.

Sie wird beim Erzählen wütend. Und ich auch. »Wir reden von Dörfern, wo der Bus dreimal am Tag fährt, wenn es hoch kommt«, erklärt sie. »Kinder und Jugendliche haben häufig gar keine Möglichkeit, ihren Lebensraum gut zu erschließen. Es gibt keine Orte, wo sie sich treffen können, wo es zum Beispiel W-Lan gibt.« Wenn Angebote wie mobile Bibliotheken, Theatergruppen oder kreative Workshops, die zu den Menschen kämen, auch noch wegfielen, verlören viele noch stärker den Anschluss. Der Abbau von politischer Bildung und kultureller Teilhabe bedeute darum mehr als nur einen Rückschritt – er vertiefe das Gefühl des Abgehängtseins.

Diese Entwicklung ist keine subjektive Wahrnehmung. Der Sachverständigenrat *Ländliche Entwicklung* stellt fest, dass das Vertrauen in die Demokratie dort sinkt, wo Menschen sich kulturell und politisch übersehen fühlen – und dass rechte Akteure diese Lücken gezielt füllen.[75]

Annas Frustration wuchs. »Ich habe zeitweise wirklich versucht, mich aus allem Politischen rauszuhalten. Mich einfach mal um mich und mein Kind zu kümmern, wie andere das scheinbar schaffen. Doch das ging einfach irgendwann nicht mehr. Alleine in der Schule meines Kindes wurde mir klar: Keine politische Haltung zu zeigen ist auch eine politische Haltung. Ich finde, es ist unmöglich geworden, nicht politisch zu sein – gerade, wenn man im Osten wohnt.« Doch was tun, wenn alle um sie herum so weitermachen wie bisher – auch, wenn sie meckern?

Zufällig entdeckte sie dann den Workshop von *Radikale Töchter*. Sie ging ohne große Erwartungen hin, aber mit Hoffnung und dem Gefühl: Es könnte ein erster Schritt sein. Dennoch war sie nervös, als sie ankam und in viele unbekannte Gesichter blickte. Doch dann musste sie innerlich lachen – sie hatte lange geglaubt, in ihrem Wohnort kennen sich alle. Aber das war eine Fehlannahme. Sie erkannte, dass sie mit ihrem Wunsch nach politischer Veränderung doch nicht so allein war, wie sie lange geglaubt hatte. Auch wenn in der Gruppe längst nicht alle einer Meinung waren, verband sie etwas Entscheidendes: Humor. »Ich habe so viel gelacht, wie schon lange nicht mehr«, erzählt Anna. »Das hat mir neue Energie gegeben.«

Aus dem Workshop entstand eine *Telegram*-Gruppe und eine Plakataktion zur Europawahl. Anfangs war das Ziel, AfD-Wähler*innen umzustimmen, aber bald wurde klar: Es geht nicht nur um Stimmen. Es geht um ein Zeichen. Um Widerstand. Um Sichtbarkeit. »Allein die Entscheidung, etwas zu tun, hat mich erleichtert«, sagt Anna. »Wir mussten niemanden überzeugen. Wir konnten uns selbst treu bleiben.«

Peter

Peter war ebenfalls bei diesem Workshop und ein wichtiger Teil der Aktion. Er ist Designer, ruhig, introvertiert. Politik war für ihn lange kein Thema: zu abstrakt, zu überfordernd. Nachrichten meidet er. Vereine, Parteien? Nicht sein Ding. Als er vom Workshop hörte, zögerte er zuerst. Doch er ging hin – und kam verändert zurück.

> »Ich war nie wirklich politisch aktiv. Doch im Workshop merkte ich, dass ich auch außerhalb etablierter Strukturen etwas beitragen kann. Dass ich nicht al-

lein bin. Und dass es coole Leute gibt, die etwas bewegen wollen. Endlich die Möglichkeit zu haben, politisch etwas tun zu können, ohne mich in ein Korsett zwängen zu müssen. Sondern in einem Bereich zu handeln, in dem ich mich zu Hause fühle: im Kreativen. Also mit wilden, großen, humorigen Ideen zu arbeiten und etwas Kunstvolles entstehen zu lassen. Ich fühlte mich nach dem Workshop geradezu beseelt. Ich hatte so ein tiefes Gefühl der Zufriedenheit, das nur auftritt, wenn Denken und Fühlen Hand in Hand gehen.«

Bei der späteren Aktion übernahm Peter eine tragende Rolle – obwohl er gar nicht dem gängigen Bild einer führenden Person entspricht. Keine große Geste, kein Rampenlicht. Doch genau das war seine Stärke: Er organisierte, verband, hielt den Faden. Ein Beispiel dafür, wie vielfältig Mut sein kann – und wie oft wir übersehen, was leise entsteht.

»Dass wir im Workshop zunächst über Emotionen sprechen sollten, hat mich irritiert«, erzählt er. »Aber gerade dadurch ist eine besondere Nähe entstanden. Und ich war überrascht, wie viel ich gelacht habe. Das hätte ich bei der Ernsthaftigkeit der Themen nicht erwartet.«

Die Gruppe plante eine Plakataktion. Was soll dabei schon schiefgehen? Doch schnell zeigte sich: Unsichtbare politische Strukturen stellten sich ihnen in den Weg und sorgten für Gegenwind. Zwei regionale Plakatierungsfirmen lehnten den Auftrag ab, mit fadenscheinigen Begründungen. Beim dritten Anlauf hieß es, der Plakatierer sei gestürzt, die Plakate durchweicht und unbrauchbar. Diese Rückmeldung kam am Tag der geplanten Aktion, eine Woche vor der Wahl. Sie hätten einfach aufgeben können. Doch für Peter, Anna und die anderen war klar: Jetzt erst recht.

Sie machten es selbst. Einer fuhr mit dem Auto weit weg, in eine andere Stadt, um die Flyer, Plakate und Sticker drucken zu lassen. Spätabends trafen sich Anna, Peter und zwei weitere mit den selbstgedruckten Materialien – im Kinderwagen versteckt. Sie hatten Angst und waren besorgt, dass sie auffielen. »Aber ich hatte auch schon Angst alleine zum Workshop zu gehen«, sagt Peter, »und bin trotzdem hingegangen. Diese Erfahrung hat mich gestärkt. Heute traue ich mir viel mehr zu als früher.«

Viele Plakate, Flyer und Sticker waren am nächsten Morgen verschwunden, vermutlich entfernt. Aber ein Plakat hing lange. Die Aktion wurde von der AfD zur Anzeige gebracht – erfolglos. Es wäre ohnehin nur eine Ordnungswidrigkeit gewesen, keine Straftat. In den Zeitungen und auf Social Media wurde darüber berichtet. »Scheinbar haben sie uns ernst genommen, das allein war schon ein gutes Gefühl«, sagt Peter. »Die Wahlergebnisse danach waren zwar echt zum Kotzen, aber immerhin wussten wir, dass wir nicht still geblieben waren. Dass wir uns eingemischt hatten.«

Beim Zuhören denke ich an Falladas Quangels. An die Kraft, die entsteht, wenn man nach den eigenen Werten handelt, unabhängig von der Außenwirkung. Und an den Mut, der dafür nötig ist. Die Wirkung politischen Handelns ist oft nicht direkt sichtbar – selbst für diejenigen nicht, die die Aktion durchführen. Sie entfaltet sich manchmal leise, subtil, in den Haltungen, Gedanken oder Handlungen anderer. Manchmal ist der wichtigste Effekt einer Aktion weder laut noch messbar, sondern dass sie jemanden zum Handeln ermutigt und damit eine Welle von Mut auslöst. So hat das auch Caro erlebt.

Caro

2014 hörte meine Kollegin Caro von der Kunstaktion »Erster Europäischer Mauerfall« des *Zentrums für Politische Schönheit*, von der ich auf Seite 23 erzähle. Ein Bus mit Aktivist*innen sollte zur europäischen Außengrenze fahren – eine theatrale Spiegelung des deutschen Mauerfalls 25 Jahre zuvor. Für Caro war sofort klar: »Ich muss da mit.«

Die Aktion hat ihr politisches Bewusstsein wiedererweckt. Die Busreise war der Auftakt. An jeder Grenze wurden wir durchsucht, in Serbien, Bulgarien und Griechenland von der Polizei eskortiert, Ministerien wurden informiert. Der politische Druck war enorm – aber auch die mediale Aufmerksamkeit.

Auch der zweite Teil der Aktion hatte es in sich. Er brachte mich mit den weißen Berliner Mauerkreuzen nach Gourougou in Marokko. Wir verkündeten, den Europäischen Grenzzaun aus Stacheldraht mit Bolzenschneidern auftrennen zu wollen. Unserem Selbstverständnis nach inszenierten wir ein Theaterstück – alles von der Kunstfreiheit gedeckt –, doch die Polizei sah das anders. Schon als wir losfahren wollten, wurden wir von über 100 Polizist*innen durchsucht. Uns wurde vorgeworfen, zu schweren Straftaten aufgerufen zu haben. Wer sind hier die Verbrecher*innen? Wir oder doch eher Frontex?

Als die innerdeutsche Mauer 1989 fiel, war das nicht das Resultat ausgeklügelter Strategien politischer Profis, sondern der kraftvolle Aufbruch einer engagierten Zivilgesellschaft, die teils auch heftig dafür bestraft wurde. Wir wollten nachweisen, dass dieser einfache, aber starke Bürgersinn in unserem Land nicht verloren gegangen war.

Von dieser Aktivierung war Caro angezogen worden. Sie kam aus einem konservativen Dorf, wurde eher zufällig politisiert, und hatte sich lange gefragt, wie sie sich jenseits von Demos sinnvoll engagieren könnte. Im Bus begegnete sie Aktivist*innen aus ganz Europa, unter anderem dem Team von *Grandhotel Cosmopolis* aus Augsburg, das ein innovatives Kunst- und Kulturprojekt mit Geflüchteten realisierte. Eine Begegnung, die ihr Leben veränderte. In der *Frankfurter Allgemeinen Zeitung* war später zu lesen:

»Der Erfolg der Aktion liegt darin, den absurden Aufwand veranschaulicht zu haben, mit dem, von den deutschen Behörden bis zur bulgarischen Polizei, die europäische Außengrenze geschützt wird, selbst vor ein paar harmlosen Kunsttouristen. [...] Am Ende waren es hässliche Gewissheiten, die die Aktion des Zentrums für Politische Schönheit sichtbar gemacht hat: Die Ignoranz für die wahren Probleme. Statt über Tote streitet man sich über Berliner Lokalpolitik. Statt über die Grenzen der EU diskutiert man über jene der Kunst.«[76]

Doch etwas anderes passierte auch. Etwas Unsichtbares, dass sich nicht messen lässt, aber umso wirkungsvoller war. Nach ihrer Rückkehr vernetzte sich Caro, traf Gleichgesinnte, gründete mit ihnen einen Verein – und eröffnete schließlich einen Ort für selbstbestimmtes Wohnen und Nachbarschaftsarbeit in Neukölln, wo Geflüchtete und Einheimische, unter anderem sie selbst, gemeinsam leben und die Nachbarschaft gestalten.

»Wer weiß, vielleicht hätte ich das auch ohne diese Reise gemacht«, sagt sie heute. »Aber das Gefühl von kollektiver Macht, die ich in dieser einzigartigen Busfahrt erleben durfte, war der Auslöser. Es hat mir gezeigt, was möglich ist.«

Mut ist ansteckend. Diese Geschichten zeigen, was passiert, wenn Menschen sich nicht einschüchtern lassen, sondern handeln. Auch, wenn sie nicht wissen, ob es »etwas bringt«. Darin liegt ein Kern feministisch-demokratischen Handelns: nicht in der Garantie von Erfolg, sondern in der Entscheidung, nicht länger tatenlos zu bleiben.

Mut ist politisch

Was wir als mutig ansehen, ist keine neutrale Kategorie – es ist immer eine gesellschaftliche Entscheidung. Im Patriarchat gelten bestimmte Handlungen als mutig, andere nicht. Es gilt als mutig, in den Krieg zu ziehen, nicht nach Frieden zu suchen. Es gilt als mutig, so zu tun, als hätte man alle Antworten, nicht um Hilfe zu bitten. Es gilt als mutig, Protestwähler*in zu sein, auch wenn die Partei, die man wählt, menschenfeindlich ist – anstatt sich den eigenen Ängsten zu stellen.

Mädchen wird selten Mut zugeschrieben. Sie sollen nett sein, sich kümmern, sich anpassen. Wer aneckt oder widerspricht, wird selten gelobt. Aber das heißt nicht, dass Mädchen und Frauen weniger mutig sind – im Gegenteil. Nur ist ihr Mut oft unsichtbar.

Rosa Parks' Weigerung, im Bus aufzustehen, wird als stiller Protest dargestellt – dabei war es eine mutige Tat mit gravierenden Folgen: Verhaftung, Morddrohungen, Jobverlust, und letztendlich musste sie aus ihrer Heimatstadt wegziehen. Kaum bekannt ist, dass sich schon vor Rosa Parks eine Schwarze Frau geweigert hatte, ihren Sitzplatz im Bus für einen *weißen* Fahrgast zu räumen: Claudette Colvin, eine fünfzehnjährige Schülerin. Doch sie passte nicht ins Bild, denn sie war zu jung, zu arm – und schwanger. Als öffentliches Symbol für die Bürgerrechtsbewegung wollte man eine »respektable Frau«. Und deshalb wurde sie lange vergessen. Dabei hat sie unglaublichen Mut bewiesen, gerade unter diesen Umständen.

Der Alltagsmut von ganz normalen Frauen fehlt in unseren Erzählungen. Eine Mutter mit drei Jobs. Eine Frau, die in einem konservativen Umfeld Nein sagt. Eine Pflegekraft, die unter Dauerstress nicht aufgibt. Das ist alles Mut.

Beim *Zentrum für Politische Schönheit* habe ich gelernt, mit Kritik umzugehen – mit Angriffen von Medien, Politik und der rechten Szene. Besonders nach der Aktion mit dem nachgebauten Holocaust-Mahnmal neben Björn Höckes Haus. Das war laut, sichtbar, begleitet von Morddrohungen. Von außen mag das mutig gewirkt haben, für mich fühlte es sich nicht so an.

Rückblickend war eine meiner mutigsten Entscheidungen keine große öffentliche Geste, sondern eine zutiefst persönliche: die Trennung vom Vater meiner beiden älteren Kinder. Diese Entscheidung wuchs langsam, war leise und schwer. Sie hat mich unendlich viel Kraft gekostet.

Mut zeigt sich selten in dem Moment, in dem wir mutig handeln. Oft erkennen wir ihn erst später. Er fühlt sich nicht wie Heldentum an, sondern wie Unsicherheit. Wie Überforderung. Und doch ist es genau dieser Moment, wenn wir trotz Angst handeln, in dem Mut wächst.

Kürzlich saß ich hochschwanger in der Bahn. Ich schaute verträumt aus dem Fenster. Plötzlich hörte ich ein lautes Geräusch von der gegenüberliegenden Bank. Eine Frau krampfte. »Ein epileptischer Anfall«, blitzte es durch meinen Kopf. Und mein erster Impuls war: helfen. Doch um mich herum blieb alles ruhig. Niemand reagierte. Ich zögerte, meine anfängliche Entschlossenheit schwand. Habe ich mich geirrt? Übertreibe ich? Soll ich auch einfach wegschauen? Ich stand auf und ging zu ihr. Mittlerweile lag sie halb auf dem Boden und zitterte stark. Ich versuchte sie zu halten, zu stützen, sie davon abzuhalten, sich zu verletzen, doch mit dem schwangeren Bauch kam ich schnell an meine Grenzen. Ich schaute wieder verzweifelt in die Gesichter der anderen Passagiere und hörte mich mit fester Stimme sagen: »Können Sie mir bitte helfen? Ich schaffe das nicht allein.«

Endlich reagierte ein Mann, kam zu Hilfe, während ich die Rettungskräfte alarmierte. Langsam blickten auch andere auf und waren bereit, mit anzupacken. Je mehr sich beteiligten, desto leichter wurde es für alle. Als die Sanitäter schließlich übernahmen und ich aussteigen konnte, brach ich in Tränen aus. Erst da wurde mir bewusst: Ich hatte die ganze Zeit gezittert. Ich war überwältigt - von Angst und Unsicherheit, von Trauer und Sorge. Aber bestimmt nicht von Mut. Erst in einem Gespräch mit einer Freundin wurde mir klar: Ich hatte Zivilcourage gezeigt – es war ein mutiger Moment.

Später, beim Nachdenken, erkannte ich auch darin die Gefahr des *Normalcy Bias*. Wenn ich wegsehe, tun es vermutlich auch alle anderen. Wenn ich aber handle, kann das andere auch ermutigen, mitzumachen. Oft ist der mutigste Schritt: nicht wegsehen.

Wann hast du dich zuletzt mutig gefühlt? Diese Frage steht auf einem knallpinken Plakat an meiner Bürotür. Ich stelle sie mir immer wieder. Aber eigentlich müsste es heißen: Wann hast du zuletzt mutig gehandelt? Denn Mut fühlt sich selten mutig an. Oft fühlt er sich an wie Angst. Oder wie Zweifel. Und trotzdem gehen wir los.

Mut ist kein Persönlichkeitsmerkmal. Mut lässt sich trainieren, indem wir uns fragen: Was ist mir wichtig? Wofür will ich mich einsetzen? Mit jeder Entscheidung, die wir trotz Angst treffen, wächst er.

In diesem Jahr erlebe ich zum dritten Mal, wie es ist, ein Kind auf die Welt zu bringen. Gleichzeitig beobachte ich mich selbst, mein Umfeld und dieses neue Leben mit einem anderen Blick als früher. Ich spüre den Wunsch, einen Raum für einen persönlichen und zugleich politischen Austausch über Elternschaft zu schaffen – einen Raum, in dem nicht nur vom Glück erzählt wird, sondern auch von der gerechten Aufteilung von Elternzeit, von der Idee eines finanziellen Ausgleichs für die Person, die mehr Care-Arbeit macht, von körperlichen Veränderungen, von Überforderung, Einsamkeit, Neid, von den Erwartungen der Gesellschaft, denen man nie gerecht werden kann, von der unordentlichen Wohnung, den Wäschebergen, den Schreikindern, der Scham und dem Druck, den man sich zu allem Übel auch noch selbst macht.

Früher hätte ich über all das nicht gesprochen. Nach der Geburt meines ersten Kindes fühlte ich mich mit diesen Themen sehr allein. Ich war jung. Meine engsten Freund*innen hatten noch keine Kinder, und die anderen Mütter, denen ich begegnete, teilten nur ihr Glück. Sie gingen scheinbar völlig in ihrer neuen Rolle auf. Niemand fragte, was wir sonst noch machten, wenn wir nicht gerade Windeln wechselten, Brei kochten oder putzten. Als Mutter mit einem Leben und einer Leidenschaft außerhalb von Kindern und Küche; mit Bedenken, Ängsten, Wut und Zweifel, hatte ich das Gefühl, keinen Platz zu haben. Darüber zu sprechen, hätte Mut erfordert – und ich wusste nicht, wo ich ihn finden sollte. Die Wunde war noch zu frisch. In unseren Workshops sprechen wir oft über ein Bild: Teile deine Narben, nicht deine offenen Wunden. Und damals war die Wunde noch offen. Heute ist sie verheilt, und ich spreche darüber. Nicht, weil es leicht ist, sondern weil es nötig ist. Weil Scham politisch ist. Und Mut auch.

Durch feministische Literatur und inspiriert von den Gesprächsgruppen der radikalen Feministinnen der 60er und 70er, nehme ich heute trotz Herzklopfen jeden Anlass wahr, um auch schwierige Erfahrungen mit anderen Eltern auszutauschen. Ich merke, wie wir durch das Teilen gemeinsam stärker werden. Es geht nicht um Held*innentum. Es geht um Sichtbarkeit, um Verbindung, um den Mut, sich zu zeigen.

Mut ist: Schwäche zulassen

Vor Kurzem auf einem Podium stellte jemand eine Frage, die mich nicht mehr loslässt: Welche Gefühle, außer Wut, können politisch mobilisieren? Und gibt es welche, die es nicht können? Die Rede kam auf Scham. Ein Gefühl, das wir meist meiden. Die Autorin Brené Brown, die sich in vielen ihrer Bücher intensiv mit Scham auseinandersetzt, schreibt: »Scham lähmt. Sie führt nicht zu Veränderung, sondern zum Rückzug. Sie macht klein, still und unsichtbar.«

Und doch: Scham ist da. Auch bei mir. Scham darüber, kein Abitur gemacht zu haben.

Scham über meinen Körper.

Scham darüber, Dinge nicht zu wissen.

Mein erster Reflex war oft: verstecken, überdecken, schweigen. Andere reagieren gegenteilig, sie treibt die Scham in den Kampfmodus. Doch beide Reaktionen umgehen die eigentliche Frage: Was sagt uns dieses Gefühl?

Denn Scham ist nicht nur eine individuelle Empfindung. Sie zeigt mir, an welchen gesellschaftlichen Bildern und Normen ich zu scheitern glaube – und macht damit Erwartungen sichtbar. Scham wirkt wie ein Signal: Hier weicht mein Leben von der Norm ab. Aber wer hat diese Norm eigentlich gesetzt? Und will ich mich ihr überhaupt beugen?

Einmal sagte eine Teilnehmerin bei unserem politischen Speed-Dating: »Nicht die Frage ist politisch, sondern die Antwort.« Genau so ist es mit der Scham. Ihre bloße Existenz mag noch nicht politisch sein. Aber wie wir ihr begegnen, ist politisch. Verstecke ich sie? Oder nutze ich sie als Hinweis darauf, was sich ändern muss?

In dem Moment, in dem ich meine Scham betrachte, anstatt sie zu verstecken, geschieht etwas Entscheidendes: Ich erkenne, dass sie nicht nur mir gehört, sondern strukturell ist. Dass viele andere mit demselben Gefühl kämpfen. Und dass nicht ich das Problem bin, sondern das System, das mir sagt, wie ich zu sein habe.

Vielleicht mobilisiert Scham nicht direkt. Aber das, was sie auslöst, schon. Das genaue Hinschauen. Das Anerkennen, dass sie kein individuelles Versagen ist, sondern Ausdruck von strukturellen Ungleichheiten. Wer sich das traut, handelt politisch – auch, wenn es leise geschieht. Auch das ist Mut.

Mut ist: Begegnung

Manchmal habe ich ein mulmiges Gefühl vor bestimmten Workshops. Weil ich weiß, wie viele Vorurteile im Raum stehen. Ich werde als »linksgrün-versiffte« Großstädterin abgestempelt – und auch ich habe Klischees im Kopf. Aber genau da beginnt die Arbeit: Wie können wir uns trotzdem begegnen? Für mich bedeutet das, ich muss weit raus aus meiner Komfortzone.

Ein Workshop in der Berufsschule einer Kleinstadt bei Dresden, nur mit jungen Männern, war so ein Moment. Sie waren nicht freiwillig da, sondern weil der Lehrplan es wollte. Die ersten Minuten flogen Sticheleien und Witze: Ob wir, »die radikalen Schwestern«, unsere Kalaschnikows dabeihätten – sie hätten uns schon gegoogelt.

Dann kam die Wutreise. Rassistische Narrative wurden wiederholt, Vorurteile aus den rechten Medien reproduziert. Sie zeigten sich überhaupt nicht inspiriert durch unsere Aktionen, sondern wurden wütend. Die Aktion vom *Zentrum für Politische Schönheit* mit dem Holocaust-Mahnmal im Nachbargarten des Faschisten Björn Höcke, fanden sie besonders schlimm. »Dafür haben die so viele Spendengelder gesammelt? Das Geld hätte man lieber für die armen Kinder in Deutschland einsetzen können!« Ich plusterte mich auf, war kurz davor, in die Diskussion einzusteigen, sie zu belehren und eine reaktive Haltung einzunehmen – doch dann atmete ich tief durch. Stattdessen sagte ich: »Gut. Dann lasst uns gemeinsam überlegen. Was wäre das für eine Aktion für Kinder in Armut?«

Etwas veränderte sich. Die Stimmung wurde weicher. Wir erkannten die Chance, eine Anti-Haltung in eine Für-etwas-Haltung umzuwandeln. »Ja, aber« wurde in »ja, und« verwandelt. Wenn es so viele Menschen gibt, die bereit sind zu spenden, wollen wir uns das nicht zu Nutze machen und sie zum Spenden für Kinder in Armut animieren?

Später erzählte ein Teilnehmer überraschend von seiner Exfreundin, vom Ende ihrer Beziehung. Er wollte eigentlich über seine Wut sprechen, aber er gab zu, dass er geweint hatte. Die Geschichte berührte mich und die anderen Teilnehmer sichtlich. Plötzlich war Stille und es wurde zugehört.

Das Zeigen von Emotionen wurde nicht als Schwäche wahrgenommen, sondern als Stärke. Weitere Geschichten folgten: über Gewalt in der Familie, über Schulabbrüche, über das Gefühl, nirgends dazuzugehören. Die Angst vor der Zukunft war groß – und oft unausgesprochen.

Nach dem Workshop haben wir die jungen Männer gefragt, wie sie sich jetzt fühlen. Sie antworteten, dass sie sich inspiriert fühlen würden und die Aktion für die Kinder unbedingt weiterführen wollen. Das Verhalten, das sie anfangs gezeigt hatten – das Laute, das Rebellische, die Anti-Haltung – wirkte vielleicht im ersten Moment mutig. Aber der echte Mut zeigte sich später:

im Öffnen, im Zeigen, im Ernstnehmen der eigenen Gefühle und Gedanken – und im Handeln.

Gleichzeitig bleibt es ein schmaler Grat, menschlich verstehen zu wollen, ohne menschenverachtendes Verhalten zu entschuldigen. Sandra, unsere Expertin für Gesprächsführung gegen Rechts, bringt es auf den Punkt: *Verstehen ist nicht gleich Zustimmung*. Die Wut vieler Menschen ist nachvollziehbar – aber sie rechtfertigt keine Barbarei. Klare Grenzen zu ziehen erfordert Mut. In unseren Workshops dulden wir keine faschistischen Symbole, keine rassistischen Bemerkungen, keine Beleidigungen. Wir schützen uns und die Gruppe, gerade diejenigen, die von solchen Kommentaren persönlich betroffen sind, unabhängig davon, ob sie im Raum sind oder nicht.

Das klingt selbstverständlich, ist es aber leider nicht. Viele Lehrkräfte fühlen sich nicht sicher im Umgang mit diskriminierenden Aussagen. Kaum jemand wurde je darin geschult, rassistische Kommentare direkt anzusprechen oder Beleidigungen sichtbar zu machen. Die meisten von uns haben es auch nicht im Elternhaus oder in der Schule gelernt. Oft wird eher die betroffene Person zum Schweigen gebracht, als der Täter zur Verantwortung gezogen. Wenn es zu einer Auseinandersetzung kommt, endet sie häufig im Konflikt oder in Bestrafung, anstatt in einem Gespräch, einem Austausch, einem Aha-Moment und vielleicht sogar in einer Wiedergutmachung.

Bei *Radikale Töchter* überhören wir nichts. Aber das

verlangt enormes Feingefühl und Erfahrung von unseren Trainerinnen. Jede Situation ist individuell zu bewerten. Und selbstverständlich machen wir auch Fehler, wie das eben ist als handelnder Mensch. Wir wollen damit offen umgehen und dazulernen. Und auch das braucht Mut.

In den meisten unserer Workshops fallen keine menschenverachtenden Kommentare. Und doch ist es auch in wohlwollenden Gruppen nicht immer leicht, sich zu verbinden, eine gemeinsame Vision für eine andere Zukunft zu entwickeln. Deshalb arbeiten wir mit sogenannten MUT-Themen: Dinge, die uns wütend machen, und die wir verändern wollen. Diese Themen hängen wir an unsere MUT-Wand und besprechen sie gemeinsam in der Gruppe. Im Fall der Mutter und dem verdreckten Park auf Seite 115, würde auf dem Post-it vielleicht stehen: »Unser Park ist wieder sauber und zugänglich für alle«. Jede*r liest die eigene Notiz vor. Das klingt einfach, aber es hat Kraft. Wenn viele kleine Anliegen ausgesprochen werden, entsteht eine gemeinsame Energie, eine Lust auf Veränderung. Eine Verbundenheit.

Daraus kann Solidarität wachsen. Wir beginnen, über gemeinsame Projekte nachzudenken, die weit über den eigenen Tellerrand reichen. Ideen, die nicht aus der eigenen Betroffenheit entstehen, sondern aus Mitgefühl. So war es auch in der Gruppe, die voller Enthusiasmus eine Aktion für einen verwahrlosten Park plante – obwohl die meisten ganz woanders wohnten.

Diese Haltung, dass wir einander brauchen und durch Solidarität stärker werden, steht im Widerspruch zu den Werten einer neoliberalen, patriarchalen Gesellschaft. Die Politikwissenschaftlerin und Autorin Naomi Klein beschreibt das treffend:

> »Wir leben in einer Kultur, die den Menschen sehr deutlich gesagt hat: Du bist in dieser grausamen Welt auf dich allein gestellt. Deine Aufgabe ist es nicht, für die gesamte Gesellschaft zu sorgen. Deine Aufgabe ist es, dich selbst und deine Familie zu optimieren, eine kleine Festung um dich und deine Lieben zu schaffen, und wenn du Erfolg hast, ist das deine heldenhafte Erzählung.«[77]

Wer in Westdeutschland aufgewachsen ist, hat das meist früh verinnerlicht. In der DDR war das gesellschaftliche Bild ein anderes, aber das heutige Leben in Deutschland ist stark von neoliberalem Gedankengut geprägt. Sich davon zu lösen, sich mit anderen zu verbinden, sich für andere einzusetzen – das alles kostet Mut.

Mut ist: Hoffnung

Was Deutschland heute auch stark prägt, ist Hoffnungslosigkeit. Besonders diejenigen, die sich kaum politisch beteiligen, fühlen sich oft hoffnungslos.[78] Sie glauben, dass sich für sie eh nichts zum Besseren ändert, und sind vom Egoismus der anderen überzeugt – deshalb ziehen sie sich zurück.

Doch auch viele, die früher hoffnungsvoll waren, scheinen heute zu resignieren. Besonders in den USA war, direkt nach Trumps Wiederwahl, ein spürbarer Rückgang des Aktivismus zu beobachten. Im Podcast *Feuer & Brot*, den ich gern höre, wurde dieses Phänomen als »dissoziativer Feminismus« beschrieben – eine Haltung, die Rückschlägen nicht mit Wut oder Trauer begegnet, sondern mit Zynismus. Diese Form der Distanz kann ein verständlicher Selbstschutz sein. Oder ein Rückzug aus gemeinschaftlicher Verantwortung.[79]

Auch ich kenne das Bedürfnis, mich zurückzuziehen – gerade dann, wenn die Dinge besonders aussichtslos erscheinen. Am Tag nach der Bundestagswahl 2025 lag ich lange im Bett. Meine kleine Baby-Tochter neben mir. Ich war wütend, ängstlich, traurig. Enttäuscht. Erst scrollte ich durch die Nachrichten, dann durch Instagram, bis ich das Handy von mir wegwarf und die Decke über meinen Kopf zog. Ich sah meine kleine Tochter an und entschuldigte mich still bei ihr, dass ich sie in so eine Welt hineingeboren hatte. Dann atmete ich durch. Ich will, dass meine Kinder mit Empathie und Mut groß werden. Also musste ich selbst wieder aufstehen.

Aber diesen einen Tag gab ich mir, um alles zu fühlen. Am nächsten Tag stand ich wieder pünktlich auf. Ich traf mich mit Freundinnen, wir sprachen über unsere Wut und unsere Angst, aber auch über alles, was uns schon gelungen war. Und über neue Pläne, über das, was wir weiter versuchen wollten.

Heute weiß ich: solche Phasen vergehen. Das hilft mir, wenn ich wieder an diesem Punkt stehe. Denn ich habe etwas Entscheidendes gelernt: Je mehr ich mir erlaube, zu fühlen – egal, ob Trauer, Wut oder Angst –, desto eher kehren Mut und Hoffnung zurück. Nicht, wenn ich gegen mich kämpfe, sondern wenn ich bei mir bin.

Die Klimaaktivistin Joana Macy unterscheidet zwischen aktiver und passiver Hoffnung. Passive Hoffnung ist Optimismus: das Vertrauen darauf, das schon alles gut wird. Doch wenn es dann nicht gut wird, schlägt sie in Lähmung um. Aktive Hoffnung hingegen ist eine Praxis. Sie fragt: Was kann ich tun? Egal, ob es wirkt. Hoffnung entsteht durch Handeln. Sie rät: Konzentrieren wir uns nicht auf Probleme oder Lösungen, sondern auf unsere Handlungsfähigkeit – und wie wir sie stärken können.[80]

Diese Haltung finde ich auch bei Falladas Quangels, und sie hilft mir. Wenn ich in Vorträgen von Hoffnung spreche, habe ich manchmal das Gefühl, belächelt zu werden – als naiv oder ungebildet. Dann höre ich wieder die alten Zweifel in mir: Habe ich eine Bildungslücke? Bin ich zu optimistisch? Zu wenig intellektuell? Aber mittlerweile weiß ich: Hoffnung ist nicht oberflächlich, Hoffnung ist radikal. Hoffnung ist mutig.

Aus meinen Erfahrungen habe ich gelernt: Wir dürfen den Teufel nicht an die Wand malen. Wir brauchen einen langen Atem – gerade, wenn alles richtig schlimm erscheint. Nur weil wir eine Bundestagswahl »verloren« haben, heißt das nicht, dass die Zukunft entschieden ist. Ich stelle mir gerne eine Zukunft vor, die mir in der Gegenwart die Kraft zu handeln gibt. Das kann mal das Schlimmste sein (die AfD kommt an die Macht) und mal etwas Hoffnungsvolles (die AfD scheitert an der 5-Prozent-Hürde). Beides ist möglich. Mein eigener Lebensweg hat mir gezeigt: Mut heißt auch: trotz allem dranbleiben. Die Hoffnung nicht aufgeben. Weitergehen.

Eine Workshopteilnehmerin erzählte uns von dem Konzept »Parable of the choir«: Ein Chor kann eine Note unendlich lang halten, weil jede*r Singende individuell Atempausen machen kann, während der Rest des Chores weitersingt. Damit wollte sie sagen, dass Aktivismus genauso funktionieren sollte. Demokratie auch. Wir müssen die Last nicht allein tragen.

Viele Menschen kommen zu unseren Workshops, weil sie Hoffnung suchen. Wir können ihnen diese Hoffnung nicht schenken – aber wir können Räume öffnen, in denen sie sie selbst wiederfinden und Verbundenheit mit anderen, um gemeinsam die Last zu tragen. Im besten Fall wird daraus: aktive Hoffnung. Und diese Hoffnung ermächtigt. Joana Macy schreibt:

> »Die Fähigkeit, einen Unterschied zu machen, ist kraftvoll belebend; sie lässt unser Dasein wertvoller erscheinen. Wenn wir aktive Hoffnung praktizieren, geht es nicht darum, würdig zu sein, sondern darum, in einen Zustand der Lebendigkeit einzutreten, der unser Leben und unsere Welt verwandelt.«[81]

Dieses Gefühl von Lebendigkeit wünsche ich allen, die noch an die Alternativlosigkeit glauben. Denn Hoffnung ist nicht das Gegenteil von Realismus – sie ist dessen radikalste Form.

Mut ist: Auf sich selbst achten

Lebendig sein? Ja. Freude spüren? Auch. Denn politisches Engagement ist kein Sprint. Es ist ein Marathon. Ich habe schon zu viele Aktivist*innen im Burnout gesehen. Viele kämpfen, als ginge es um alles und verlieren sich dabei selbst. Sie gehen häufig über ihre eigenen Grenzen. Und das hat System. Projekte werden, wenn überhaupt, selten langfristig gefördert. Die finanzielle Situation vieler Aktivist*innen ist deshalb häufig sehr prekär. Das macht es noch schwerer, gut für sich zu sorgen.

Das muss aber nicht so bleiben. Es gibt auch andere Wege, politisch wirksam zu sein – ohne auszubrennen. Bei *Radikale Töchter* lachen wir viel. Das ist kein Zufall. Humor als Stilmittel im Protest ist eine anti-patriarchale Haltung. Freude ist unsere Superkraft. Sie schützt uns vor Verbitterung und verbindet uns mit dem Leben, für das wir kämpfen. Einen Arbeitsplatz zu haben, in dem wir uns regelmäßig vor Lachen unsere Bäuche halten, ist ein echtes Privileg und eine Bereicherung für mein ganzes Leben. »Lass Gerechtigkeit gut anfühlen«[82], findet die Autorin und Aktivistin adrienne maree brown, und das wollen wir auch.

Self-Care ist kein Widerspruch zum Aktivismus. Im Gegenteil. Nur brauchen wir dafür ein anderes Verständnis von Self-Care als das, was uns der Kapitalismus verkaufen will: Konsum und Individualismus. Hierfür können wir noch einmal auf Audre Lorde schauen. Sie brachte in den 80ern in Berlin erstmalig Schwarze und queere Frauen zusammen, damit sie gemeinsam Raum einnehmen, gemeinsam *sein* konnten – ohne Störung, ohne Rechtfertigung, ohne Diskriminierung. Sie zeigte: Aktivismus *ist* Self-Care, Solidarität ist Self-Care und darf sich auch deshalb so anfühlen: verbunden, schön und leicht. Das war ein politischer Akt. Und eine Quelle für Kraft und Mut.

Gerade Schwarze Feministinnen wie Audre Lorde oder adrienne maree brown zeigen, wie politisches Handeln, Lust und Verbundenheit zusammenwirken, besonders bei marginalisierten Menschen: brown nennt es »Pleasure Activism«[83]. Audre Lorde nannte es »die Erotik«, die kreative, lebendige, feminine Energie, die patriarchale Unterdrückung durchbrechen kann.[84]

Es geht dabei nicht um Hedonismus, sondern um ein nährendes Verhältnis zu Freude und Vergnügen – auch inmitten von Kampf und Krise. Viele Menschen haben diese Art der Freude aufgrund gesellschaftlicher Normen und Ungleichheiten verlernt. Deshalb ist diese Freude Widerstand. Humor ist Widerstand. Und Verbundenheit ebenfalls.

Früher glaubte ich: Was leichtfällt, zählt nicht. Heute weiß ich: Das ist patriarchaler Unsinn. »Streng dich an! Das Leben ist kein Ponyhof!« Auch ich habe diese Sätze oft hören müssen. Die Dinge, für die ich Talent hatte, die ich liebend gerne tat, bekamen dadurch weniger Wert, während Sachen, die ich unter Qualen durchzog, wertvoll wurden. Wie toxisch diese Sicht auf mein Leben war, habe ich erst viel später erkannt. Meinen Kindern möchte ich deshalb unbedingt andere Werte vermitteln. Mit Fragen wie: Was tut dir gut? Was bereitet dir Freude? Was kannst du gut – und wie kannst du es stärken?

Und wenn ich es meinen Kindern vorleben will, muss ich es selbst anders machen. Auch deshalb habe ich *Radikale Töchter* gegründet – und genau deshalb überlegen wir sehr bewusst, wie wir arbeiten wollen. Ich will meine Zeit mit Tätigkeiten füllen, die mir Spaß machen und die ich gut kann. Die sinnvoll sind, ja, aber nicht nur, weil sie anderen helfen, sondern auch weil sie mir guttun.

Seit ich *Radikale Töchter* mache, bin ich besser darin geworden, Nein zu sagen – und ich ermutige auch mein Team dazu. Wir üben gemeinsam, Nein zu sagen. Es fühlt sich manchmal noch ungewohnt an. Aber ich weiß, nur so kann ich Self-Care und Community-Care miteinander verbinden. Und genau das gehört für mich zum feministisch-demokratischen Engagement.

Diese Haltung – zu mir selbst, zu meiner Arbeit, zu unserer Organisation – führte zu einem grundlegenden Perspektivwechsel in meinem Leben. Und sie verändert mich bis heute. Es ist ein Prozess: ein Verlernen alter Muster. Und ein Erlauben, neue zu lernen.

Mut ist: Kunst

Hip-Hop war der Ort, an dem ich zum ersten Mal ungebremst ich selbst sein durfte. Für mich war es die Kunst der Unangepassten. Rapperinnen wie Queen Latifah oder Lauryn Hill inspirierten mich. Sie prangerten Rassismus, MISOGYNIE, und Kapitalismus an – mit Stolz und Klarheit. Auch wenn die Szene heute oft männlich dominiert ist, birgt Hip-Hop in seinem Ursprung ein enormes Potenzial für intersektionales feministisches Empowerment.

Als ich mich in der Schule unzulänglich fühlte, eröffnete mir Hip-Hop Räume, in denen ich wachsen konnte. Auf der Bühne beim Rappen, auf der Straße beim Sprühen, im Jugendzentrum. Dort zählte nicht, was auf meinem Zeugnis stand, sondern was ich zu sagen hatte, was ich kreieren wollte, die Ideen und Visionen, die ich hatte.

Kunst wurde mein Trainingsfeld für Selbstwirksamkeit, mit ihr trainierte ich meinen Mutmuskel. Ich schrieb Texte über mich, über das Frausein, über das Nicht-Dazugehören und stand damit auf der Bühne. Ich zeichnete, übte, scheiterte. Und das war erlaubt. Denn anders als in der Schule gab es hier kein »richtig« oder »falsch«. Kunst lässt Raum für Mehrdeutigkeit. Ambivalenz ist Teil ihres Wesens. Genau das schätze ich auch an der Demokratie: Sie lebt vom Ringen um die Deutung, vom Aufzeigen von Widersprüchen.

Politische Aktionskunst bedeutet für mich nicht nur, politische Inhalte zu transportieren – sondern auch Gefühle: Trauer, Wut, Hoffnung, Freude. Aus diesen Gefühlen entsteht Mut. Das ist so mächtig, weil es Menschen verändert – nicht nur außen, sondern auch innen.

Mit Methoden, die wir bei *Radikale Töchter* entwickelt haben, machen wir diese Form der Kunst zugänglich –

für jede Person, die etwas bewegen will. Sind Anna und Peter jetzt politische Aktionskünstler*innen? Ich sage: Ja. Sie sind dieselben Menschen mit ihren Familien und Berufen. Und sie sind auch jene, die eines Nachts lachend und atemlos mit einem Kinderwagen voller Sticker vor der Polizei davonliefen. Die Plakate kreiert und ihre Stadt umgestaltet haben. Sie beteiligen sich lebendig, frei und kreativ am Politischen. Auch das ist jetzt ein Teil ihrer Identität.

Doch politische Künstlerin zu sein, heißt nicht nur, Aktionen zu machen. Es ist eine Haltung. Eine Praxis. Etwas, das im Alltag beginnt – und nicht endet, wenn das Projekt vorbei ist. Feministisch-demokratisches Engagement beginnt im Kleinen. Und es beginnt jetzt.

Mut ist: jetzt anzufangen

Zum Schluss möchte ich mit einem weiteren Glaubenssatz aufräumen: »Es ist zu spät«. Ich kenne diesen Satz gut. Mit fast 30 hatte ich ein kleines Kind, lebte von Harz IV und wusste nicht, was ich mit meinem Leben anfangen sollte. Ich wollte politische Kunst machen, Menschen inspirieren, aber ich wusste nicht, wie ich anfangen sollte. Ich hatte keine Ausbildung an einer renommierten Kunsthochschule. Ich hatte keine Kontakte zu Künstler*innen, wichtigen Persönlichkeiten oder Institutionen. Ich dachte damals oft: »Es ist zu spät«. Ich weiß, dass viele Menschen diesen Glaubenssatz kennen.

Wenn wir die Prognosen zur nächsten Wahl in unserem Landkreis sehen und die AfD liegt weit vorn. Wenn wir von Kriegsverbrechen aus dem Sudan, Yemen, Gaza oder der Ukraine lesen und von der Ohnmacht der internationalen Staatengemeinschaft. Wenn wir hören, dass das vergangene Jahr wieder das heißeste seit Beginn der Wetteraufzeichnung war und ahnen, dass wir die Klimakrise so nicht in den Griff bekommen werden. Oder wenn wir 25, 35, 45, 55, 65, 75 Jahre alt sind und denken: »Es ist zu spät« – sich zu trennen, noch mal zu studieren, aktiv zu werden, Künstler*in zu sein, ein Buch zu schreiben, die eigene politische Haltung zu hinterfragen, eine Sprache zu lernen ... Dieser Gedanke hat eine negative Kraft. Er macht klein und lässt uns ohnmächtig fühlen.

Damals, als ich nicht weiterwusste, als ich etwas bewegen wollte, aber das Gefühl hatte, nicht vom Fleck zu kommen, hat mir eines geholfen: einfach anfangen. Immer wieder. Das »Es ist zu spät« verschwindet nämlich nicht für immer. So funktioniert das nicht. Es kommt wieder. Und dann beginne ich eben wieder. Lerne neu, denke um.

Heute hilft mir ein Bewusstsein dafür: »Ah, hallo, da bist du wieder. Bonjour Fatalismus.« Es hilft mir, klarer zu sehen. Ich kann den Gefühlen einen Namen geben, sie ernst nehmen – und dann entkräften. Vielleicht klingt das seltsam, aber seit mein »Es ist zu spät« sein darf, geht es schneller wieder weg.

Was mir außerdem hilft: Geschichten über Menschen, die kämpfen, obwohl sie jeden Grund hätten, aufzugeben. Frauen im Iran und ihre Anwält*innen. Menschen, die im Mittelmeer Geflüchtete retten. Menschen, die sich aus gewalttätigen Beziehungen lösen konnten. Menschen, die sich für eine klimagerechte Zukunft einsetzen. Oder eben Falladas Quangels. Mich berühren besonders die Geschichten von ganz normalen Unangepassten, die die Hoffnung nicht aufgeben. Alleinerziehende Mütter, Arbeiter*innen, Studierende, Eltern, Rentner*innen. Menschen, die ebenso gut jede Verantwortung ablehnen und sich als unpolitisch begreifen könnten, es aber nicht tun.

Mut beginnt in kleinen Momenten. Beim Hinschauen. Beim Widerspruch. Im Zweifel, der zugelassen wird. Im Gedanken: vielleicht geht es auch anders.

Wir handeln längst. Jeden Tag. Jede*r von uns ist politisch, ob bewusst oder unbewusst. Im Gespräch mit anderen. In der Entscheidung, wie wir zuhören. In der Art, wie wir über Menschen sprechen, die nicht da sind. Darin, wann wir wegsehen – und wann nicht. Wer wir sein wollen, zeigt sich oft dort, wo niemand zusieht.

Wir haben viel über unsichtbare politische Arbeit gesprochen – jene, die nicht gesehen, nicht wertgeschätzt, nicht gewürdigt wird und doch die Grundlage jeder Demokratie bildet. Eine besondere Form dieser Arbeit ist die innere Arbeit: der Moment, in dem ich nicht wegsehe, sondern bleibe. In dem ich mir selbst die unbequemen Fragen stelle. In dem ich beginne, alte Muster zu hinterfragen – und neue Handlungsspielräume zu entdecken. Vielleicht ist das die unsichtbarste Form politischen Handelns. Doch sie ist von zentraler Bedeutung.

Was hilft, sind klare Sätze, Handlungsprinzipien. Neue Glaubenssätze, die mir den Alltag erleichtern. Und der Mut, immer wieder neu anzufangen.

Meine 10 Prinzipien für feministisch-demokratisches Engagement

1. Ich warte nicht, bis ich mich mutig fühle; ich handele und ermächtige mich dadurch.

2. Ich verstehe, dass eine Demokratie kein Zustand ist, sondern ein Aushandlungsprozess.

3. Ich sehe, dass jedes Handeln – und Nicht-Handeln – politisch ist.

4. Ich erwarte keinen Applaus. Es geht nicht um das Ergebnis. Ich fange einfach an.

5. Ich stehe zu meiner Wut.

6. Ich trainiere mich jeden Tag in aktiver Hoffnung.

7. Ich stärke die Außenseiterin in mir und lerne, sie zu lieben.

8. Ich bin nicht allein – ich kann Banden bilden.

9. Ich darf Raum einnehmen.

10. Ich sehe und wertschätze meine eigene unsichtbare politische Arbeit und die anderer.

Lasst uns loslegen.

dank

Dieses Buch würde es nicht geben ohne meine Arbeit bei *Radikale Töchter* – und *Radikale Töchter* würde es nicht geben ohne meine großartigen Kolleg*innen und Weggefährt*innen.

Caro, Anna, Felice, Alena, Christiane, Meike, Ariane, Johanna, Noëmi, Sujin, Sophia, Steffi, Philippa, Ronja, Kasia, Mara, Tanja, Philippe, Nina, Winfried, Carla, Lenn – ich kann hier vielleicht nicht alle beim Namen nennen, aber ich meine euch alle. Jede einzelne Person, die mit uns gearbeitet hat – sei es für einen Tag oder über viele Jahre hinweg: Großes entsteht in Gemeinschaft. Und ihr seid der beste Beweis dafür.

Ich danke Katharina – als künstlerische Verbündete ganz am Anfang. Wie wir einander unterstützt haben, als unsere Kinder noch klein waren, wie wir gemeinsam die Töchter erfunden haben – das vergesse ich nie.

Fred – danke für deinen immer spontanen, enthusiastischen Support und deine genialen Einfälle. ♥

Aber allen voran: Josephin.

Josi, ich bin aus tiefstem Herzen dankbar, dass wir uns gefunden haben. Ohne dich hätte ich die Reise der letzten Jahre nicht gehen können. Mit dir macht jeder Arbeitstag einfach so viel Spaß. Du hast diese wunderbare Fähigkeit, selbst die trockenste Aufgabe in etwas Aufregendes zu verwandeln. Dein Herz, deine Offenheit, deine Begeisterungsfähigkeit sind ansteckend. Danke für dich!

Dieses Buch gäbe es auch nicht ohne Naomi.

Liebe Naomi, es war ein Geschenk, dich kennenzulernen und gemeinsam dieses Buch-Baby auf die Welt zu bringen. Die Zusammenarbeit mit dir war inspirierend und voller Freude. Deine kluge, sensible Art, dein Gegenüber wirklich zu spüren, und deine Fähigkeit, aus unseren Gesprächen das Wesentliche herauszufiltern und in Worte zu fassen – das ist eine besondere Gabe. Danke, dass du sie mit mir geteilt hast.

Danke auch an meine Agentin Nina Sillem – für dein Vertrauen in dieses Projekt von Anfang an.

Und danke an Susann Brückner – für deine Begeisterung, deinen klugen Blick und dein großes Herz.

Mein tiefster Dank gilt meiner Familie und meinen Freund*innen – für Liebe und Unterstützung auf so vielen Ebenen.

Meinen Eltern – ich weiß, dass ich immer zu euch kommen kann, egal was ist. Das ist unbezahlbar.

Kristin, Tim, Hans, Ruby, Amo und Marla – ich liebe euch.

Und all ihr Herzmenschen, die mich mit Telefonaten, Spaziergängen, leckerem Essen, Kinderbetreuung, Familienfesten, Partynächten, festen Umarmungen und liebevollen Worten – in den kleinen und großen Situationen des Lebens unterstützen. Ohne Euch könnte ich nicht die Cesy sein, die ein Buch geschrieben hat – danke, dass ihr da seid.

Dieses Buch durfte in einer ganz besonderen Zeit entstehen – kurz nach der Geburt unserer kleinsten Tochter. Für mich ein großes Geschenk. Ich liebe es, kreativ »schwanger« zu sein: im Kopf und im Herzen ein Projekt zu tragen, während ich gleichzeitig Mama bin. Herausfordernd und bereichernd. Es hält mich lebendig, weil ich für ein paar Stunden am Tag nicht nur Mutter bin, sondern auch schreiben, denken, gestalten darf. Für mich ist das genau richtig.

Möglich gemacht hast das du, Sebastian. Deine Liebessprache ist: sich kümmern. Was könnte schöner sein! Deine geduldige, liebevolle Zuversicht trägt mich, wenn ich selbst nicht weiterweiß. Danke, dass du an mich und meine Arbeit glaubst. Danke, dass ich mich so geliebt fühle, jeden Tag. Love you.

glossar

ABLEISMUS

Ableismus umfasst die unterschiedlichen Diskriminierungsformen von Menschen mit sichtbaren und unsichtbaren Behinderungen. Werden Menschen im Alltag auf ihre körperliche oder psychische Behinderung reduziert, spricht man von Ableismus.

Im Alltag wird nicht immer nur Behindertenfeindlichkeit bedeutet. Auch fehlende Unterstützungsmittel, Barrieren, unbedachte Äußerungen oder eben *»Inspiration Porn«* (Menschen mit Behinderung dargestellt als »Helden und Inspiration«) und *»Pity Porn«* (Menschen mit Behinderung dargestellt als »bemitleidenswerte, arme Leidtragende«) zählen zu dem Alltags-Ableismus.

Ignoranz, beispielsweise gegenüber der Lebenswelt und Lebensrealität von Menschen mit Behinderungen, ist ebenso eine Form von Ableismus.

AMADEU ANTONIO STIFTUNG

Seit ihrer Gründung 1998 ist es das Ziel der Amadeu Antonio Stiftung, eine demokratische Zivilgesellschaft zu stärken, die sich konsequent gegen Rechtsextremismus, Rassismus und Antisemitismus wendet. Amadeu Antonio, nach dem die Stiftung benannt ist, war eines der ersten Todesopfer rechter Gewalt seit der Wiedervereinigung. Er wurde von einer Gruppe Neonazis in Eberswalde zu Tode geprügelt, weil er Schwarz war. Drei bewaffnete Beamte in Zivil beobachteten den Mord an Amadeu Antonio – griffen jedoch aus Angst vor der Gruppe von Neonazis nicht ein. Der Fall selbst wurde nicht als Mord, sondern als schwere Körperverletzung mit Todesfolge eingestuft. Fünf der Angreifer wurden im September 1992 vom Bezirksgericht Frankfurt (Oder) zu maximal vierjährigen Bewährungs- und Haftstrafen verurteilt.

»ANGRY BLACK WOMAN«

Das »Angry Black Woman«-Stereotyp kennen viele Schwarze Frauen, denen vorgeworfen wird, aggressiv oder wütend zu sein und »konstruktive« Diskurse oder Zusammenarbeit damit totzuschlagen. Im Endeffekt sagt diese Stereotypisierung mehr über die Person aus, die dieses empfindet, als die Schwarze Frau selbst. Denn, wie Audre Lorde in ihrem Text »The Uses of Anger« schreibt, Wut ist gerade bei Schwarzen Frauen ein wichtiger Treiber der Veränderung. Aber wenn sie auf eine Abwehrhaltung, Angst, Schuldgefühle oder Scham bei ihrem Gegenüber stößt, erstickt sich häufig das Veränderungspotenzial. Sie fordert deshalb alle Frauen und marginalisierte Personen dazu auf, ihre eigene Wut über individuelle und strukturelle Diskriminierung zu erkennen und anzunehmen, um daraus in die Veränderung zu kommen. Diese Haltung vertreten auch wir bei *Radikale Töchter*.

Dieses Stereotyp gehört zum globalen Anti-Schwarzen-Rassismus, der Schwarzen Frauen und Mädchen ihre Weiblichkeit abspricht, u.a. als Mittel, das die Versklavung von Schwarzen Frauen legitimieren sollte.

HANNAH ARENDT

Hannah Arendt war eine jüdische deutsch-US-amerikanische politische Theoretikerin und Publizistin. Sie emigrierte im Jahr 1933 aus Deutschland und wurde 1937 ausgebürgert. Nach dem Weltkrieg hat sie vieles rund um den Nationalsozialismus und seine (fehlende) Aufarbeitung geschrieben und vorgetragen. Eines ihrer bekanntesten Werke ist »Die Banalität des Bösen«, in dem sie den Prozess von SS-Obersturmbannführer und NS-Verbrecher Adolf Eichmann analysiert. Sie ist dafür bekannt, »dahin zu denken, wo es wehtut«, wie sie selbst sagte. »Denken ohne Geländer«, nannte sie das einmal.

Interessanterweise war Hannah Arendt relativ spät politisiert. Im Jahr 1931 ging Arendt davon aus, dass die Nationalsozialist*innen an die Regierung kommen würden, dachte 1932 an Emigration, blieb jedoch zunächst in Deutschland und wurde erstmals politisch aktiv. Sie war für die Zionistische Vereinigung für Deutschland tätig, um die beginnende Judenverfolgung zu dokumentieren. Ihre Wohnung in Berlin diente Flüchtlingen als Zwischenstation. Im Juli 1933 wurde sie verhaftet und kam für acht Tage in Gestapo-Haft.

Schon 1933 war für sie klar: Das nationalsozialistische Regime musste aktiv bekämpft werden. Damit stellte sie sich deutlich gegen viele gebildete Deutsche – auch solche mit jüdischem Hintergrund –, die sich damals lieber mit dem neuen System arrangierten, es teilweise sogar lobten oder seine Gefährlichkeit unterschätzten. Diese Art von Mitläufertum, sei es aus Bequemlichkeit, Berechnung oder echter Begeisterung, stieß sie regelrecht ab.

AUSLÄNDERFEINDLICHKEIT

Der Begriff Ausländerfeindlichkeit verbreitete sich in Deutschland ab den 1970er-Jahren, insbesondere zur Beschreibung der Ablehnung gegenüber sogenannten Gastarbeiter:innen. Später wurde er zunehmend durch Fremdenfeindlichkeit ersetzt – unter anderem, weil »Ausländer« negativ konnotiert war und die Debatte längst zeigte, dass nicht nur ausländische Staatsangehörige betroffen sind.

Beide Begriffe verschleiern jedoch zentrale Probleme: Sie blenden die historische Kontinuität rassistischer Strukturen aus und entkoppeln die Gewalt von Kolonialismus und Nationalsozialismus. Fremdenfeindlichkeit suggeriert ein vages Gefühl gegen »Fremde«, doch wer als fremd gilt, wird selten neutral oder objektiv bestimmt – meist trifft es Menschen, die durch Aussehen, Namen oder Herkunft als »anders« markiert werden, unabhängig von Staatsangehörigkeit oder Lebensrealität.

So entzieht sich die Mehrheitsgesellschaft einer strukturellen Auseinandersetzung mit Rassismus – indem sie ihn auf individuelles Fehlverhalten abschiebt und seine systemische Dimension ausblendet.

WALTER BENJAMIN

Er lebte von 1892–1940 und war ein deutscher Philosoph, Kulturkritiker und Übersetzer. Er gilt als einer der wichtigsten Vordenker der Kulturwissenschaften und wird, unter anderem wegen seiner Freundschaft mit Theodor W. Adorno, dem Umfeld der Frankfurter Schule zugerechnet. Auch seine enge Zusammenarbeit mit Bertolt Brecht prägte sein Denken entscheidend.

Benjamin entwickelte eine sozial verstandene Ästhetik, die bis heute in Literatur, Kunst, Medientheorie und Publizistik rezipiert wird. Zu seinen bekanntesten Essays zählt »Das Kunstwerk im Zeitalter seiner technischen Reproduzierbarkeit«. 1933 floh er vor den Nationalsozialisten ins Exil nach Paris. 1940 nahm er sich im spanischen Grenzort Portbou das Leben, als ihm die Flucht vor der Gestapo misslang.

BRAVE SPACE

Wir verwenden für unsere Workshops bei *Radikale Töchter* die Prinzipien des Brave Space – entwickelt durch Victoria D. Stubbs an der Universität Maryland.

Die sechs Säulen eines Brave Space schaffen einen unterstützenden Raum, in dem schwierige Themen wie Rassismus, Macht und Unterdrückung offen besprochen werden können. Workshop-Teilnehmende und Trainer*innen verpflichten sich zu diesen Prinzipien, um echtes Lernen und gegenseitige Verantwortung zu fördern und gleichzeitig die Herausforderungen einer sicheren Atmosphäre anzuerkennen.

Verwundbarkeit: Emotionale Offenheit und das Eingehen von Risiken zulassen, wobei Lehrende dies mit klaren Grenzen vorleben. Das schafft Raum für ehrliches Engagement und Kreativität.

Perspektivenübernahme: Den Erfahrungen anderer ohne Urteil zuhören, ohne deren Sichtweise übernehmen zu müssen. Neugier und Verständnis werden dadurch gefördert.

Angst annehmen: Angst als Zeichen für Wachstum nutzen. Sich bewusst in unangenehme Situationen wagen, um Lernen und Veränderung zu ermöglichen.

Kritisches Denken: Eigene und fremde Überzeugungen fair prüfen. Kritik nicht persönlich nehmen, sondern als Chance zur Erweiterung des Denkens sehen.

Absichten reflektieren: Sich fragen, warum man spricht oder handelt – um den Dialog zu fördern oder aus Eigeninteresse? So bleibt man integer und verantwortlich.

Achtsamkeit: Im Moment präsent sein, innere Gedanken und Gefühle wahrnehmen und vor einer Reaktion innehalten. Das unterstützt alle anderen Säulen.

Diese Säulen helfen, einen mutigen Raum zu schaffen, in dem ehrliche, respektvolle und transformative Gespräche möglich sind.

CIS

Cis ist eine Abkürzung für »cisgender«. Bei einer cis Person stimmt die Geschlechtsidentität mit dem bei der Geburt zugewiesenen Geschlecht überein. Im Gegensatz dazu steht trans als Abkürzung für »transgender«. Eine trans Person identifiziert sich nicht (oder nicht vollständig) mit dem Geschlecht, das ihr bei der Geburt zugewiesen wurde.

Weil man oft nur von trans Menschen spricht und

alle anderen einfach als »normal« gelten, verwenden wir den Begriff cis, um sichtbar zu machen, dass beide gleichwertig sind.

DEMOKRATIE

Demokratie ist ein fortlaufender Prozess, kein fester Zustand. Dennoch braucht sie einen verlässlichen Rahmen, der allen Menschen einen grundlegenden Schutz bietet, denn genau dafür ist sie da. Demokratie ist der Versuch, das Zusammenleben in einer vielfältigen Gesellschaft zu organisieren. Wörtlich aus dem Altgriechischen steht sie für »die Macht des Volkes«. Das Anerkennen aller Menschen in ihrer Würde, Gleichwertigkeit und ihrer Macht ist das Fundament demokratischen Handelns. Dies ist stets das Ziel, der Anspruch der Demokratie.

Viele Demokratien scheitern an diesem Anspruch. Ja, sie führen und unterstützen völkerrechtswidrige Kriege, lassen Menschen an ihren Grenzen sterben, dulden oder legitimieren rassistische Gewalt durch Polizei und Justiz und schließen ganze Bevölkerungsgruppen von demokratischer Teilhabe aus.

Eine starke Demokratie zeichnet sich gerade dadurch aus, dass sie zur Selbstkritik fähig ist. Sie kann Fehler eingestehen und verpflichtet sich, sich ihrem eigentlichen Ziel – einer gerechten, inklusiven Gesellschaft – immer weiter anzunähern. Menschen und Parteien, die diesem Ziel explizit den Rücken kehren, handeln anti-demokratisch.

INTERSEKTIONALITÄT

Intersektionalität bezeichnet das Zusammenwirken verschiedener Formen von Diskriminierung. Zwar hatten bereits diverse Gruppen – insbesondere Schwarze Feminist*innen in den USA – auf die Problematik mehrfacher Diskriminierung hingewiesen, doch prägte die Juristin und Professorin Kimberlé Crenshaw als Erste den Begriff »Intersektionalität«. Er beschreibt, dass Diskriminierungsformen wie Rassismus, Sexismus oder Klassismus nicht isoliert voneinander auftreten oder einfach addiert werden können. Vielmehr beeinflussen sie sich gegenseitig, was zu spezifischen und teils neuen Diskriminierungserfahrungen führt.

KLASSISMUS

Klassismus bezeichnet eine Form der Diskriminierung, die sich gegen Menschen richtet, weil ihnen ein bestimmter sozialer oder bildungspolitischer Status zugeschrieben wird – sei er tatsächlich oder nur angenommen. Diese Benachteiligung kann individuell, institutionell oder kulturell erfolgen. So werden etwa Menschen, die in Armut leben, oft pauschal mit negativen Eigenschaften wie Gewaltbereitschaft oder Alkoholismus in Verbindung gebracht und in den Medien entsprechend dargestellt – obwohl solche Verhaltensweisen in allen sozialen Schichten auftreten. Der Begriff »Klassismus« macht deutlich, dass es sich dabei nicht um Einzelfälle, sondern um ein strukturelles gesellschaftliches Problem handelt.

AUDRE LORDE

Audre Lorde ist eine der bekanntesten feministischen Aktivistinnen und hat den intersektionalen anti-rassistischen Aktivismus stark geprägt. Die Schwarze US-Amerikanerin kam als Erwachsene nach Berlin und lebte teilweise auch über längere Zeiträume dort. Die Zeit zwischen 1984 und 1992 wird häufig als ihre »Berliner Jahre« bezeichnet.

Audre Lorde selbst war große Verfechterin der bestimmten Freude, die frau durch Kreativität, Verbundenheit, Emotionalität, Spiritualität und Solidarität genießen kann, aber die vielen von uns vorenthalten bleibt – weil wir so sehr mit Produktivität und mit dem Streben »nach oben« beschäftigt sind. Auch in der politischen Arbeit.

THOMAS-MANN-HAUS, LOS ANGELES

Der Schriftsteller Thomas Mann war ein prominenter Gegner des Nationalsozialismus aus dem Exil in genau diesem Haus in L. A. Das Haus wurde während seines Exils zu einem Ort künstlerischen Schaffens und des Austauschs unter Wissenschaftler*innen, Künstler*innen und Intellektuellen zu den großen Fragen seiner Zeit.

Thomas Mann selbst leistete wichtigen geistigen und moralischen Widerstand gegen das NS-Regime, gerade durch das Schreiben und durch Radio-Sendungen, zum Beispiel auf der britischen BBC, die extra auf Deutsch an die deutsche Bevölkerung ausgestrahlt wurden.

Im November 2016 erwarb das Auswärtige Amt das Haus für die Bundesrepublik Deutschland, um es als einen Ort des Nachdenkens und der Diskussion über gemeinsame Herausforderungen unserer Zeit wiederzubeleben. Zugleich sollte das Haus auch als Erinnerungsort an die vielfältigen Aspekte des Exils erhalten bleiben.

MALE GAZE

Wörtlich übersetzt bedeutet *male gaze* »männliches Starren«. Der Begriff beschreibt die filmische Darstellung von Frauen durch die Augen eines Mannes: Der Blickwinkel der Kamera simuliert den männlichen

Blick. Frauen werden als Lustobjekt präsentiert und auf ihren Körper reduziert. Von Frauen ist oft mehr vom Körper zu sehen oder sie werden beim Zuhören gezeigt, während Männer beim Sprechen zu sehen sind.

MARGINALISIERTE GRUPPEN

Marginalisierte Gruppen sind Gruppen von Menschen, die an den Rand der Gesellschaft gedrängt werden – also weniger Rechte, weniger Macht oder weniger Zugang zu wichtigen Dingen wie Bildung, Arbeit, Gesundheit oder politischer Mitbestimmung haben. Dazu zählen: Menschen mit Behinderung, Menschen, die in Armut leben, LGBTQIA+-Personen, ethnische oder religiöse Minderheiten, Menschen ohne sicheren Aufenthaltsstatus.

MISOGYNIE

Misogynie bezeichnet die Feindseligkeit, Verachtung oder Abwertung gegenüber Frauen bzw. allem, was als »weiblich« gilt. Der Begriff stammt aus dem Altgriechischen (»misos« = Hass, »gyne« = Frau) und bedeutet wörtlich »Frauenhass«.

NEOLIBERALISMUS

Die meisten Wirtschaftsordnungen der westlichen Industrienationen, so auch die sogenannte soziale Marktwirtschaft in Deutschland, basieren heute auf den Prinzipien des Neoliberalismus.

Neoliberalismus ist eine wirtschaftliche und politische Denkweise, die sagt: Der Markt soll möglichst frei funktionieren. Der Staat soll sich wenig einmischen – also wenig Regeln, wenig Steuern, wenig staatliche Eingriffe. Privatunternehmen sollen möglichst viel übernehmen, sogar Dinge wie Gesundheit, Bildung oder Rente.

Die Idee dahinter: Wenn Firmen frei arbeiten dürfen, entsteht Wettbewerb, der wiederum zu Innovation, besseren Produkten und niedrigeren Preisen führt.

Aber: Viele kritisieren den Neoliberalismus, weil er oft dazu führt, dass soziale Ungleichheit wächst – also die Reichen reicher werden und die Armen ärmer.

Die soziale Marktwirtschaft in Deutschland ist eine Form des Neoliberalismus, die versucht, die Nachteile einzurahmen und größtmöglichen Wohlstand bei bestmöglicher sozialer Absicherung zu sichern.

OMAS GEGEN RECHTS

Omas gegen Rechts ist eine seit 2017 bestehende parteiunabhängige Bürgerinitiative, die sich gegen Rechtsextremismus, Rassismus, Antisemitismus und andere Formen der Diskriminierung engagiert. Die Omas organisieren sich in über 200 Regionalgruppen mit mehr als 30000 Mitgliedern, die aktiv an Demonstrationen, Infotischen, Bildungsveranstaltungen und anderen Aktionen teilnehmen. Die Omas nehmen politischen Einfluss durch Petitionen und öffentliche Aktionen, wie beispielsweise die Kündigung des Spendenkontos der AfD bei der Berliner Volksbank.

RASSISMUS

Rassismus ist ein Macht- und Unterdrückungsverhältnis. Voraussetzung ist die Einteilung in ein »wir« und ein »sie«, wobei die als »anders« Wahrgenommenen als minderwertig oder weniger zugehörig gelten. Dieses System führt dazu, dass Menschen wegen äußerlicher Merkmale, ihres Namens, ihrer (vermeintlichen) kulturellen Zugehörigkeit, Herkunft oder Religion abgewertet werden. Rassismus ist keine individuelle negative Eigenschaft einzelner Personen, sondern wirkt sich strukturell aus auf betroffene Personen (Zugang zu Bildung, Arbeit und Wohnraum oder Betroffenheit von staatlicher Gewalt).

ROSA PARKS

Rosa Parks stieg am 1. Dezember 1955 in einen Bus in Montgomery, Alabama. Damals waren öffentliche Räume rassistisch segregiert und Schwarze Menschen mussten hinten im Bus Platz nehmen. Rosa Parks saß jedoch vorne. Der Busfahrer forderte sie dazu auf, sich umzusetzen, doch sie weigerte sich. Sie wurde verhaftet, jedoch stieß ihr Widerstand eine der größten sozialen Bewegungen der Geschichte an: den Montgomery Bus Boycott. Daraufhin wurden alle Busse im ganzen Land desegregiert. Diese Bewegung wurde vorwiegend von Schwarzen Frauen konzipiert und gemanagt.

CHRISTOPH MARIA SCHLINGENSIEF

Christoph Maria Schlingensief (1960–2010) war ein deutscher Theaterregisseur, Aktionskünstler und Filmemacher. Er begann als unabhängiger Underground-Filmemacher und inszenierte später Stücke für Theater und Festivals – oft begleitet von öffentlichen Kontroversen.

Im Rahmen der Wiener Festwochen ließ Christoph Schlingensief im Jahr 2000 einen Wohncontainer mit zwölf Asylbewerber*innen direkt vor die Oper stellen. Unter dem Motto »Ausländer raus!« konnte täglich per Zuschauerabstimmung im Internet ein*e Bewohner*in »abgeschoben« werden. In Form der damals viel diskutierten medialen Perversion eines Überwachungs-Containers im Stil von »Big Brother« sollte die Weltöffentlichkeit mit der global verstärkt auftauchenden neuen Rechts-Lastigkeit konfrontiert werden.

THINK BIG

Think Big ist eine Methode, die wir bei *Radikale Töchter* anwenden, um einschränkende Glaubenssätze über Bord zu werfen. Wenn wir an politisches Handeln denken, schleichen sich gerne Gedanken wie »das klappt eh nicht« oder »das schaffen wir niemals« ein und legen den anfänglichen Tatendrang lahm. Deshalb ist es besonders wichtig, sich zu trauen, möglichst groß zu denken und sich von wiederkehrenden negativen Gedanken freizumachen.

Konkret bedeutet das: Setz dir einen zeitlichen Rahmen, in dem du THINK BIG praktizierst. Das kann eine Stunde sein, ein Tag oder drei Wochen. In diesem Zeitraum haben Überlegungen über Machbarkeit oder Zweifel nichts zu suchen.

Kein Geld? Das kann man auftreiben. Keine Zeit? Du musst nicht alles selber machen. Du kannst etwas nicht? Aber du kannst jemand finden, der*die es kann und sich für dieselbe Sache stark machen will wie du. Das THINK BIG kann auf jede weitere Methode angewendet werden.

HARRIET TUBMAN

Harriet Tubman wurde 1822 in die Sklaverei geboren und floh später aus dem Dorchester County in Maryland nach Philadelphia, wo sie als freie Frau lebte. Einmal in Freiheit, widmete Tubman ihr Leben der Abschaffung der Sklaverei, indem sie als Fluchthelferin auf der Underground Railroad tätig war. Sie verhalf etwa 70 versklavten Afroamerikanerinnen und Afroamerikanern zur Flucht in den Norden. Tubman blieb auch im hohen Alter eine engagierte Wohltäterin: Sie gründete das Heim für alte und mittellose Schwarze und setzte sich für die Rechte von Frauen ein.

THÜRINGER VERFASSUNGSPROJEKT

Ziele des Thüringer Verfassungsprojektes waren unter anderem, die Öffentlichkeit über die Verwundbarkeiten der demokratischen Verfassung in Thüringen, und über die Schutz- und Interventionsmöglichkeiten zu informieren; die Resilienz von Funktions- und Entscheidungsträger*innen vor Ort in Thüringen im Fall einer autoritär-populistischen Machtübernahme zu stärken und die Rechtswissenschaft für den Schutz der demokratischen Verfassung zu mobilisieren. Und laut Thomas Krüger ist ihnen das gut gelungen. Mehr Informationen dazu findest du hier: https://verfassungsblog.de/thuringen-projekt/.

literatur und andere medien

Podcasts:

Feuer & Brot
Feminismus mit Vorsatz
Justitias Töchter
Lage der Nation
Piratensender Powerplay
Tara sagt was
Wir können auch anders – Die feministische Presserunde

Bücher:

Arendt, Hannah. Macht und Gewalt. Piper Verlag, 1970.
Arendt, Hannah. Wahrheit und Lüge in der Politik. Piper Verlag, 2013.
Bishop, Claire. Artificial Hells: Participatory Art and the Politics of Spectatorship. Verso Books, 2012.
brown, adrienne maree. Pleasure Activism: The Politics of Feeling Good. AK Press, 2019.

Brown, Brené. Daring greatly. Penguin Publishing Group, 2015.
Bücker, Teresa. Alle_Zeit: Eine Frage von Macht und Freiheit. Ullstein Buchverlage, 2022.
El Ouassil, Samira & Karig, Friedemann. Erzählende Affen: Mythen, Lügen, Utopien. Ullstein Buchverlage, 2021.
Fallada, Hans. Jeder stirbt für sich allein. Aufbau Verlag, 2012.
Göpel, Maja. Unsere Welt neu denken. Ullstein Buchverlage, 2020.
hooks, bell. All About Love: New Visions. William Morrow, 2000.
Jaspers, Lisa, Ryland, Naomi & Horch, Silvie (Hrsg.). Unlearn Patriarchy. Ullstein Buchverlage, 2022.
Karig, Friedemann. Was ihr wollt: Wie Protest wirklich wirkt. Ullstein Buchverlage, 2024.
Lorde, Audre. The Uses of Anger: Women Responding to Racism in Sister Outsider. Penguin Classics, 1994.
Lunz, Kristina: Die Zukunft der Außenpolitik ist feministisch. Ullstein Buchverlage, 2022.
Macy, Joanna & Johnstone, Chris. Active Hope: How to Face the Mess We're in Without Going Crazy. New World Library, 2012.
Marinić, Jagoda. Sanfte Radikalität. S. Fischer Verlag, 2024.
Mouffe, Chantal. Agonistik: Die Welt politisch denken. Suhrkamp Verlag, 2016.
Penny, Laurie. Unspeakable Things: Sex, Lies and Revolution. Bloomsbury Publishing, 2014.
Roig, Emilia. Why We Matter: Das Ende der Unterdrückung. Aufbau Verlag, 2021.
Saunders, George. Die Nase. In: Bei Regen in einem Teich schwimmen: Von den russischen Meistern lesen, schreiben und leben lernen. Luchterhand Literaturverlag, 2022.
Solnit, Rebecca. Hoffnung in der Dunkelheit. Matthes & Seitz Berlin Verlag, 2025.
Van Tricht, Jens. Warum Feminismus gut für Männer ist. Ch. Links Verlag, 2019.
Weiss, Peter. Die Ermittlung: Oratorium in 11 Gesängen. Suhrkamp Verlag, 1991.
Wiesel, Elie. Die Nacht: Erinnerung und Zeugnis. Verlag Herder, 2022.

nachweise und anmerkungen

1 UNICEF Österreich. Etwa 3500 Kinder sind in den vergangenen zehn Jahren im zentralen Mittelmeer gestorben. UNICEF Österreich, 15.4.2025. https://unicef.at/news/3-500-kinder-im-zentralen-mittelmeer-gestorben/. (Zuletzt aufgerufen am: 10.5.2025)

2 Hasselmann, Donata. Kann Deutschland das individuelle Asylrecht aussetzen? Mediendienst Integration, 7.4.2025. https://mediendienst-integration.de/artikel/kann-deutschland-das-individuelle-asylrecht-aussetzen.html. (Zuletzt aufgerufen am: 23.6.2025)

3 Merkel: Grundrecht auf Asyl kennt keine Obergrenze. Süddeutsche Zeitung, 10.9.2015. https://www.sueddeutsche.de/politik/bundeskanzlerin-merkel-das-grundrecht-auf-asyl-kennt-keine-obergrenze-1.2643260 (Zuletzt aufgerufen am 23.6.2025)

4 Aus dem Vortrag von Jose Antonio Vargas, University of Massachusetts, 11.4.2017. Übersetzung geht von Emilia Roig aus, der ich dieses Zitat zu verdanken habe, in: Roig, Emilia. Why We Matter: Das Ende der Unterdrückung. Aufbau Verlag, 2021.

5 Zitat aus Saunders, George. Die Nase. In: Bei Regen in einem Teich schwimmen: Von den russischen Meistern lesen, schreiben und leben lernen. Luchterhand Literaturverlag, 2022.

6 Mouffe, Chantal. Agonistik: Die Welt politisch denken. Suhrkamp Verlag, 2016. S 138.

7 Dahlkamp, Jörg. Unwort des Jahres: »Alternativlos«. DIE ZEIT, 18.1.2011. https://www.zeit.de/gesellschaft/zeitgeschehen/2011–01/unwort-2010-alternativlos (Zuletzt aufgerufen am 16.6.2025)

8 Fratzscher, Marcel. »Sie sehen es einfach nicht.« DIW Berlin, 31.5.2024, https://www.diw.de/de/diw_01.c.904110.de/nachrichten/sie_sehen_es_einfach_nicht.html. (Zuletzt aufgerufen am 1.07.25)

9 Karig, Friedemann. Was ihr wollt: Wie Protest wirklich wirkt. Ullstein Buchverlage, 2024.

10 Mehr Erreichen: Impulse für eine breitere Bürgerbeteiligung vor Ort. More in Common, 2023. https://www.moreincommon.de/publikationen/mehr-erreichen-beteiligung/. (Zuletzt aufgerufen am 15.5.25).

11 https://www.boell-bw.de/de/2025/01/27/die-bundestagswahl-2025#:~:text=Wer%20darf%20wählen?,von%20der%20politischen%20Mitbestimmung%20ausschließt. (Zuletzt aufgerufen am 11.07.2025)

12 Krause, Laura-Kristine & Gagné, Jérémie. Die andere deutsche Teilung: Zustand und Zukunftsfähigkeit unserer Gesellschaft. More in Common, 2019. https://www.destincommun.fr/media/osgpejd1/more-in-common_dieandereteilung_studie_1-0-1.pdf. (Zuletzt aufgerufen am 15.6.25)

13 Westphal, Manon. »Kritik- und Konfliktkompetenz als Auftrag politischer Bildung.« Journal für politische Bildung, Nr. 4, 2020, S. 28–33. https://www.journal-pb.de/blog/kritik-und-konfliktkompetenz-als-auftrag-politischer-bildung. (Zuletzt aufgerufen am 10.7.25)

14 Lachmann, Paul. »Schüler*innen beruflicher Schulen – eine polarisierte Zielgruppe? Projekterfahrungen aus dem ländlichen Raum Osthessens.« Soziologiemagazin, vol. 15, no. 2, 2022, pp. 60–73. https://doi.org/10 3224/soz.v15i2.05

15 Bericht der Zook-Kommission, zitiert nach Herrlitz, Hans-

Georg; Hopf, Wulf; Titze, Hartmut & Cloer, Ernst (2005): Deutsche Schulgeschichte von 1800 bis zur Gegenwart. Eine Einführung (5., überarbeitete Auflage). München; Weinheim: Juventa., S. 159 in: Benjamin Edelstein und Herrman Veith, Schulgeschichte nach 1945: Von der Nachkriegszeit bis zur Gegenwart, Bundeszentrale für politische Bildung, Jan 2017.

16 Edelstein, Benjamin & Veith, Hermann. Schulgeschichte nach 1945: Von der Nachkriegszeit bis zur Gegenwart. Bundeszentrale für politische Bildung, 1.1.2017 https://www.bpb.de/themen/bildung/dossier-bildung/229702/schulgeschichte-nach-1945-von-der-nachkriegszeit-bis-zur-gegenwart/. (Zuletzt aufgerufen am: 18.12.2024).

17 Hanisch, Carol. The Personal is Political. 1969. https://webhome.cs.uvic.ca/~mserra/AttachedFiles/PersonalPolitical.pdf. (Zuletzt aufgerufen am 23.06.2025)

18 ibid. (Zitiert von Hanisch aus dem *Lilith* Magazine) »I am changing. My mind is growing muscles« (Übersetzung: Naomi Ryland)

19 Gloe, Markus & Oeftering, Tonio. Politik als Kern der politischen Bildung. Bundeszentrale für politische Bildung, 17.2.2022. https://www.bpb.de/lernen/inklusiv-politisch-bilden/505260/politik-als-kern-der-politischen-bildung/ (Zuletzt aufgerufen am: 23.06.2025)

20 Westphal, Manon. Kritik- und Konfliktkompetenz als Auftrag politischer Bildung. Journal für politische Bildung, Nr. 4, 2020, S. 28–33. https://www.journal-pb.de/blog/kritik-und-konfliktkompetenz-als-auftrag-politischer-bildung. (Zuletzt aufgerufen am: 23.06.2025)

21 Hans-Böckler-Stiftung (Hrsg.). Die »Hartz-Reform« und ihre Folgen – Forschungsimpulse für eine innovative und sozial gerechte Arbeitsmarktpolitik. 2006.

22 Winkelmann, Thorsten. Sind Demos (k)ein wichtiges Signal an die Politik? Friedrich-Alexander-Universität Erlangen-Nürnberg, 12.02.2025. https://www.fau.de/2025/02/news/sind-demos-ein-wichtiges-signal-an-die-politik/. (Zuletzt aufgerufen am: 18.06.2025)

23 Stephan, Meret & Schürmann, Lennart: How Anti-Racist Protests Influence Pro- and Anti-Migration Voting Behavior: Evidence from National and European Elections. Discussion Paper ZZ 2025–601. Wissenschaftszentrum Berlin für Sozialforschung (WZB), 2025. https://bibliothek.wzb.eu/pdf/2025/zz25–601.pdf. (Zuletzt aufgerufen am: 18. Juni 2025)

24 Glaser, Antonia. »Omas gegen Rechts« – eine Initiative erlebt Zulauf. SWR aktuell, 17. 2. 2025. https://www.swr.de/swraktuell/rheinland-pfalz/omas-gegen-rechts-rlp-100.html. (Zuletzt aufgerufen am: 18. 6. 2025)

25 Ehmann, Annick, Endt, Christian & Hajek, Dana. Sechs Erklärungen zum Wahlsieg der Union. DIE ZEIT, 24. 2. 2025. https://www.zeit.de/politik/deutschland/2025–02/nachwahlbefragung-wahlergebnis-bundestagswahl-wahlbeteiligung-daten. (Zuletzt aufgerufen am 18. 6. 2025)

26 https://www.br.de/nachrichten/deutschland-welt/die-linke-ist-zurueck-das-sind-die-gruende-fuer-den-wahlerfolg,UdkFt7Q (Zuletzt aufgerufen am 11. 7. 25)

27 Lokale Proteste von Fridays for Future wirken. Wissenschaftszentrum Berlin für Sozialforschung (WZB), 21. 11. 2023. https://www.wzb.eu/de/news/lokale-proteste-von-fridays-for-future-wirken. (Zuletzt aufgerufen am: 3. 3. 25)

28 NEIN zur Elterngeld-Kürzung. Change.org, 3. 7. 2023. https://www.change.org/p/nein-zur-elterngeld-k%C3%BCrzung. (Zuletzt aufgerufen am: 10. 7. 2025)

29 Erhöhung des Elterngeld-Höchstbetrages und der Ersatzraten/Regelmäßiger Inflationsausgleich. E-Petitionen Deutscher Bundestag, 6. 4. 2023. https://epetitionen.bundestag.de/content/petitionen/_2023/_04/_06/Petition_148779.html. (Zuletzt aufgerufen am: 6. 6. 25)

30 Krause, Laura-Kristine & Gagné, Jérémie. Die andere deutsche Teilung: Zustand und Zukunftsfähigkeit unserer Gesellschaft. More in Common Deutschland, 2019. https://www.moreincommon.de/wp-content/uploads/2019/09/moreincommon_dieandereteilung_studie.pdf. (Zuletzt aufgerufen am: 18. Juni 2025)

31 Matuschek, Milosz. Lob der Grenzüberschreitung. Neue Zürcher Zeitung, 28.10.2010. https://www.nzz.ch/meinung/kolumnen/lob-der-grenzueberschreitung-ld.1 337 308 (Zuletzt aufgerufen am: 18.6.2025).

32 Oelze, Sabine. Beuys 2021: »Jeder Mensch ist ein Künstler«. Deutsche Welle, 27.3.2021, https://www.dw.com/de/beuys-2021-jeder-mensch-ist-ein-k%C3%BCnstler/a-57 018 264. (Zuletzt aufgerufen am: 6.6.25)

33 Bishop, Claire. Interventions: The Art of Political Timing. YouTube, 1.2.2020. https://www.youtube.com/watch?v=m6DD3TOhoVI. (Zuletzt aufgerufen am: 5.5.25)

34 https://www.filmgalerie451.de/de/filme/auslaender-raus-schlingensiefs-container. (Zuletzt aufgerufen am: 19.8.2025)

35 Werner-Lobo, Klaus: Clowns: Frei und gefährlich. IG Kultur Österreich, 5.5.2017. https://igkultur.at/politik/clowns-frei-und-gefaehrlich. (Zuletzt aufgerufen am: 18.6.2025)

36 Richter, Hedwig, Hierse, Lin & Augustin, Kersten. Frauen in der Demokratiegeschichte: »Reformen statt Revolutionen«. taz – die tageszeitung, 12.11.2018. https://taz.de/Frauen-in-der-Demokratiegeschichte/!5 546 919/. (Zuletzt aufgerufen am: 23.6.2025)

37 Lunz, Kristina. Unlearn Politik, in: Jaspers, Lisa, Ryland, Naomi & Horch, Silvie (Hrsg.). Unlearn Patriarchy. Ullstein Buchverlage, 2022. S. 218

38 Dawson, Shay. Harriet Tubman. National Women's History Museum, 2024. https://www.womenshistory.org/education-resources/biographies/harriet-. (Zuletzt aufgerufen am: 23.6.2025)

39 Norwood, Arlisha. Montgomery Bus Boycott. National Women's History Museum, 2024. https://www.womenshistory.org/resources/general/montgomery-bus-boycott. (Zuletzt aufgerufen am: 10.7.25)

40 Lunz, Kristina. Unlearn Politik S. 218

41 Penny, Laurie. Unspeakable Things: Sex, Lies and Revolution. Bloomsbury Publishing, 2014.

42 Van Tricht, Jens. Warum Feminismus gut für Männer ist. Ch. Links Verlag, 2019.

43 Lunz, Kristina. Unlearn Politik S. 218

44 Abgeordneten-Statistik: Der neue Bundestag in Zahlen. Deutscher Bundestag, 24.2.2025. https://www.bundestag.de/dokumente/textarchiv/2025/kw09-wahlergebnis-statistik-1 055 550. (Zuletzt aufgerufen am: 3.6.2025)

45 73 Abgeordnete mit Migrationshintergrund. Mediendienst Integration, 27.2.2025. https://mediendienst-integration.de/artikel/73-abgeordnete-mit-migrationshintergrund.html. (Zuletzt aufgerufen am: 3.6.2025)

46 Weber, Florian. Ungleichgewicht im Bundestag: Wo ist hier die Arbeiterklasse? Frankfurter Rundschau, 24.3.2025. https://www.fr.de/politik/leichgewicht-im-bundestag-wo-ist-hier-die-arbeiterklasse-93 645 392.html. (Zuletzt aufgerufen am: 16.5.25)

47 Schubert, Sarah & Fründt, Marco. Abgeordnete mit Migrationshintergrund: Bundestag ist sehr weit von Repräsentativität entfernt. taz – die tageszeitung, 27.2.2025. https://taz.de/Abgeordnete-mit-Migrationshintergrund/!6 068 844/. (Zuletzt aufgerufen am: 3.6.2025)

48 Kupfner, Rebecca, Lyko, Finn & Rohmann, Friederike. Ostdeutsche im Bundestag: Wie viel politischen Einfluss haben die 98 Abgeordneten wirklich? MDR, 28.3.2025. https://www.mdr.de/nachrichten/deutschland/politik/bundestag-ostdeutsche-abgeordnete-einfluss-macht-100.html. (Zuletzt aufgerufen am: 3.6.2025)

49 FAIR SHARE of Women Leaders e.V. FAIR SHARE Monitor 2024, 14.5.2024. https://fairsharewl.org/de/fair-share-monitor-2024-de/. (Zuletzt aufgerufen am: 3.6.2025)

50 Amadeu Antonio Stiftung (Hrsg.). (R)echte Männer und Frauen. Analysen zu Geschlecht und Rechtsextremismus. Amadeu Antonio Stiftung, 2024. https://www.amadeu-antonio-stiftung.de/wp-content/uploads/2024/06/Echte-Maenner-Netz-FINAL.pdfamadeu-antonio-stiftung.de+4. (Zuletzt aufgerufen am: 15.5.25)

51 Aufgrund einer Verurteilung wegen Veruntreuung öffentlicher Gelder darf Marine Le Pen ab April 2025 fünf Jahre lang zu keiner Wahl antreten und kein öffentliches Amt bekleiden.

52 Amadeu Antonio Stiftung (Hrsg.). (R)echte Männer und Frauen. Analysen zu Geschlecht und Rechtsextremismus. Amadeu Antonio Stiftung, 2024. https://www.amadeu-antonio-stiftung.de/wp-content/uploads/2024/06/Echte-Maenner-Netz-FINAL.pdfamadeu-antonio-stiftung.de+4. (Zuletzt aufgerufen am: 25.6.25)

53 Bundestag will Frauen besser vor Gewalt schützen – nur das Gesetz lässt auf sich warten. RND, 6.12.2024. https://www.rnd.de/politik/gewalt-gegen-frauen-afd-abgeordnete-sorgt-in-debatte-fuer-sprachlosigkeit-NQDXYZDHYFDF3OPHMTNPBJ7ASA.html (Zuletzt aufgerufen am: 18.6.2025)

54 Deutscher Juristinnenbund e.V. (djb). Policy Paper: Gewaltschutz von Frauen im Aufenthaltsgesetz. Stellungnahme Nr. st24–20, 4.6.2024. https://www.djb.de/presse/stellungnahmen/detail/st24–20. (Zuletzt aufgerufen am: 3.6.2025), gehört in: Ist das Gewaltschutz oder Rassismus? Justitias Töchter – Der Podcast zu feministischer Rechtspolitik, Folge 49, 9.5.2025. https://justitias-toechter.podigee.io/51-folge49.

55 Wo bleibt die Zeit? Ergebnisse zur Zeitverwendung in Deutschland. Statistisches Bundesamt, 2022. https://www.destatis.de/DE/Themen/Gesellschaft-Umwelt/Einkommen-Konsum-Lebensbedingungen/Zeitverwendung/Ergebnisse/_inhalt.html. (Zuletzt aufgerufen am: 10.7.25)

56 Kaiser, Mareice. #CoronaEltern stellen Rechnungen an die Politik. Edition F, 14.5.2020. https://editionf.com/coronaeltern-stellen-rechnungen-an-die-politik/.

57 Soziale Berufe – interessant für Frauen und Männer. Bundesministerium für Familie, Senioren, Frauen und Jugend, 6.7.2021. https://www.bmfsfj.de/bmfsfj/themen/gleichstellung/aufwertung-sozialer-berufe/soziale-berufe-interessant-fuer-frauen-und-maenner-181446. (Zuletzt aufgerufen am: 10.7.25)

58 Gewalt gegen Frauen in Deutschland 2023. UN Women Deutschland, 2024. https://unwomen.de/gewalt-gegen-frauen-in-deutschland/. (Zuletzt aufgerufen am: 8.8.2025)

59 Der FHK-Nothilfefonds für gewaltbetroffene Frauen und

ihre Kinder in Frauenhäusern und Fachberatungsstellen. Frauenhauskoordinierung e.V., 28.3.2025. https://www.frauenhauskoordinierung.de/aktuelles/detail/fhk-nothilfefonds. (Zuletzt aufgerufen am: xx)

60 Bücker, Teresa. Alle_Zeit: Eine Frage von Macht und Freiheit. Ullstein Buchverlage, 2022, S. 292.

61 Bücker, Teresa. Alle_Zeit: Eine Frage von Macht und Freiheit. Ullstein Buchverlage, 2022, S. 293–296.

62 Arendt, Hannah. Macht und Gewalt. Piper Verlag, 1970, S. 45.

63 Foster Wallace, David. This Is Water: Some Thoughts, Delivered on a Significant Occasion, about Living a Compassionate Life. Little, Brown and Company, 2009. Ursprünglicher Text, übersetzt von der Autorin: »Worship power, you will end up feeling weak and afraid, and you will need ever more power over others to numb you to your own fear.«

64 JASS. Making Change Happen: POWER. Concepts for Revisioning Power for Justice, Equality and Peace. 2006. https://justassociates.org/wp-content/uploads/2020/08/mch3_2011_final_0.pdf. (Zuletzt aufgerufen am: 6.6.25)

65 Weiße Dreadlocks gelten als kritisch, weil sie oft als kulturelle Aneignung gesehen werden: Eine Frisur mit tiefer Bedeutung in Schwarzen Kulturen wird übernommen, während Schwarze Menschen dafür diskriminiert werden. *Weiße* Personen profitieren dabei von einem Stil, für den andere ausgegrenzt oder benachteiligt werden. Die Kritik richtet sich nicht nur gegen die Frisur selbst, sondern gegen das Machtungleichgewicht und den mangelnden Respekt vor ihrer kulturellen Herkunft.

66 Besand, Anja. Bitte sachlich bleiben! Über Emotionen in der Politischen Bildung. Grundlagen der politischen Bildung, 25.1.2021. https://profession-politischebildung.de/grundlagen/emotionen/. (Zuletzt aufgerufen am: 25.6.25)

67 Schaal, Gary S. & Heidenreich, Felix. Politik der Gefühle. Zur Rolle von Emotionen in der Demokratie. Bundeszentrale für politische Bildung, 30.7.2013. https://www.bpb.de/shop/zeitschriften/apuz/165744/politik-der-gefuehle-zur-rolle-von-emotionen-in-der-demokratie/. (Zuletzt aufgerufen am: 10.7.25)

68 Urner, Maren. Deshalb geht Politik nicht ohne Emotionen. SWR1 Leute, 18.6.2024. https://www.swr.de/swr1/swr1leute/maren-urner-neurowissenschaftlerin-wie-gefuehle-politik-machen-102.html. (Zuletzt aufgerufen am: 3.2.25)

69 Lunz, Kristina. Unlearn Politik S. 223.

70 Lunz, Kristina. Unlearn Politik, S. 220.

71 Gilbert, Sophie. Kamala Harris and the Threat of a Woman's Laugh. The Atlantic, 24.6.24. https://www.theatlantic.com/culture/archive/2024/07/kamala-harris-laugh-trump-sexism/679215/. (Zuletzt aufgerufen am: 4.4.25)

72 Lunz, Kristina. Unlearn Politik, S. 220

73 Lorde, Audre. The Uses of Anger: Women Responding to Racism in Sister Outsider. Penguin Classics, 1994, S. 120. Ursprünglicher Text, übersetzt von der Autorin: »But anger expressed and translated into action in the service of our vision and our future is a liberating and strengthening act of clarification.«

74 Ibid. S. 126. Ursprünglicher Text, übersetzt von der Autorin: »And I am not free as long as one person of Color remains chained. Nor is any one of you.«

75 Stellungnahme des SRLE – Demokratiestärkung in ländlichen Räumen vor dem Hintergrund rechtsextremistischer Demokratiegefährdung, vom 11.06.2024. Bundesministerium für Landwirtschaft, Ernährung und Heimat, 1.7.2024. https://www.bmel.de/SharedDocs/Downloads/DE/_Ministerium/Beiraete/srle/Stellungnahme-SRLE-2024–06–11.pdf. (Zuletzt aufgerufen am: 30.5.25)

76 Erster Europäischer Mauerfall. Zentrum für politische Schönheit. https://politicalbeauty.de/erster-europaeischer-mauerfall.html. (Zuletzt aufgerufen am: 16.2.25)

77 Naomi Klein, zitiert in: Tolentino, Jia. Naomi Klein Sees Uncanny Doubles in Our Politics. The New Yorker, 12.9.2023. https://www.newyorker.com/culture/the-new-yorker-interview/naomi-klein-sees-uncanny-doubles-in-our-politics. (Zuletzt aufgerufen am: 4.5.25)

78 Krause, Laura Kristine & Gagné, Jérémie. Die andere deutsche Teilung: Zustand und Zukunftsfähigkeit unserer Gesellschaft. More in Common Deutschland, 2019. https://www.moreincommon.de/wp-content/uploads/2019/09/moreincommon_die-andereteilung_studie.pdf. (Zuletzt aufgerufen am: 3.6.2025)

79 4B, Femcels, Dissociation Feminism: Pessimismus nach #Metoo. Feuer & Brot, Folge 105, 15.3.2025. https://feuerundbrot.de/folgen/103-l7zxa-4xxc4. (Zuletzt aufgerufen am: 10.7.25)

80 Macy, Joanna & Johnstone, Chris. Active Hope: How to Face the Mess We're in Without Going Crazy. New World Library, 2012.

81 »Being able to make a difference is powerfully energizing; it makes our existence feel more worthwhile. When we practice Active Hope it is not about being dutiful or worthy so much as it is about stepping into a state of aliveness that transforms our lives and our world.« Macy, Joanna & Johnstone, Chris. Active Hope: How to Face the Mess We're in Without Going Crazy. New World Library, 2012.

82 Lass Gerechtigkeit und Befreiung gut anfühlen. https://neeta.works/on-graphic-design/readings/Pleasure_Activism.pdf. (Zuletzt aufgerufen am: 16.5.25)

83 brown, adrienne maree. Pleasure Activism: The Politics of Feeling Good. AK Press, 2019.

84 Lorde, Audre. Uses of the Erotic: The Erotic as Power. Sister Outsider: Essays and Speeches. Crossing Press, 1984, S. 53–59.